Georg Schwikart
Der Tod ist ein Teil des Lebens

Georg Schwikart

Der Tod ist ein Teil des Lebens

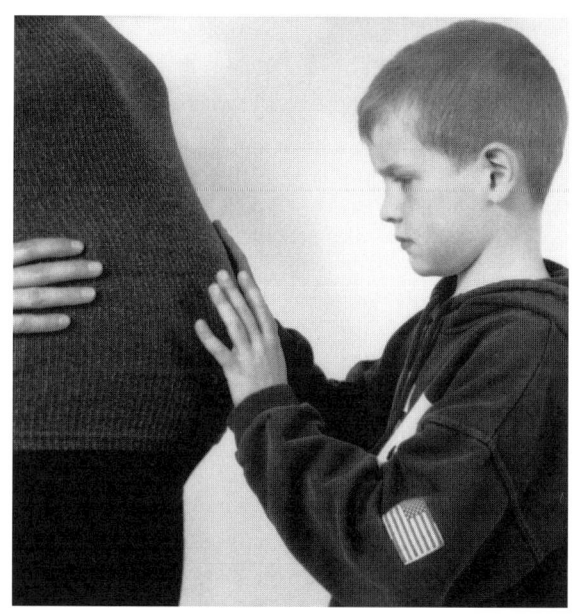

Patmos

Reality S

Bildnachweis
Wolfgang Amadeus: S. 43
Bibliothèque Nationale, Paris: S. 67
Hieronymus Bosch (um 1450–1516), Aufstieg zum ewigen Licht: S. 63
M. Carrieri: S. 50
Michael J. Deas, Ohne Titel (o. J.), Ausschnitt: S. 53
Hermann-Josef Frisch: S. 69
Edvard Munch (1863–1944), Am Totenbett (1896), © The Munch Museum /
The Munch Ellingsen Group / VG Bild-Kunst, Bonn 2003: S. 39
Jacek Jan Pawlik: S. 70 und 71
Christa Pilger-Feiler: S. 55
Bernd Schellhammer: S. 19
Georg Schwikart: S. 40 und 47
Hitoshi Tamura: S. 65
Peter Wirtz: S. 3, 7, 11, 12, 13, 17, 20, 23, 30, 32, 33, 35, 38, 42, 46, 48, 51, 58, 61, 74, 75, 77, 79, 84, 85
Quelle unbekannt: S. 22, 66, 72

Umschlaggestaltung: heike ossenkop pinxit, CH-Basel,
unter Verwendung des Bildes von Michael J. Deas, Ohne Titel (o. J.), Ausschnitt

Bibliografische Information Der Deutschen Bibliothek
Die Deutsche Bibliothek verzeichnet diese Publikation
in der Deutschen Nationalbibliografie;
detaillierte bibliografische Angaben sind im Internet
unter http://dnb.ddb.de abrufbar.

© 2003 Patmos Verlag GmbH & Co. KG, Düsseldorf
Alle Rechte vorbehalten
Druck und Bindung: Druckerei Theiss GmbH, A-St. Stefan
ISBN 3-491-79725-X
www.patmos.de

Inhalt

Peng, peng – du bist tot!

Ist ja nur ein Spiel … Wie im Fernsehkrimi. Da wird jemand umgebracht, aber das ist nur ein Schauspieler, der so tut, als wäre er tot. Wenn der Film aufgenommen ist, steht er auf und geht nach Hause. Und beim Computerspiel gibt's für jeden gleich mehrere Leben. Wenn die verbraucht sind, muss man das Spiel eben neu starten.

Im »richtigen« Leben ist das anders, das wissen wir: Da ist der Tod kein Spiel. Jedes Lebewesen stirbt irgendwann, auch Tiere und Pflanzen. Aber nur der Mensch weiß das.

Wir wissen jedoch nicht, wann wir sterben.

Eine Eintagsfliege wird nur ein paar Stunden alt. Eine Katze oder ein Hund können 15 Jahre leben, Pferde etwa 30 und Schildkröten bis 150 Jahre. Ein Apfelbaum wird 200 Jahre alt, eine Tanne sogar 500, und eine Linde über 1 000 Jahre. Und der Mensch? Frauen werden rund 80 Jahre alt, Männer 75. Das nennt man die »durchschnittliche Lebenserwartung«.

Warum aber sterben wir dann? Unser Körper besteht aus vielen kleinen Zellen, etwa 60 Billionen (das ist eine Zahl mit 13 Nullen: 60 000 000 000 000). Ein Tropfen Blut setzt sich aus rund 100 Millionen Blutkörperchen zusammen. Von diesen Zellen sterben ständig welche ab, und ebenso werden ständig neue gebildet. Ab einem gewissen Alter verlangsamt sich diese Erneuerung der Zellen. Irgendwann hört sie ganz auf: Das ist der Tod.

Manche Menschen sterben einfach deswegen, weil sie so alt sind, dass sich nicht mehr genug neue Zellen bilden und der Körper sich nicht mehr »reparieren« kann. Andere sterben an Krankheiten: weil ein Organ, wie das Herz, die Leber oder die Nieren, nicht richtig funktioniert, oder weil sie sich mit einer Infektion angesteckt haben, oder weil sie Krebs bekommen: Das sind kranke Zellen, die sich im Körper so sehr vermehren, dass sie den gesunden Zellen die Lebenskraft wegnehmen.

Wieder andere sterben durch eine Naturkatastrophe, einen Verkehrsunfall oder ein Unglück zu Hause. Oder sie werden von anderen Menschen gewaltsam getötet oder nehmen sich selbst das Leben. Oder sie sterben, weil sie nicht genug zu essen oder kein sauberes Wasser zum Trinken haben. Wenn der Körper keine Nahrung bekommt, können sich keine neuen Zellen bilden. In vielen Ländern der Welt sind die Menschen so arm, dass sie am Hunger sterben.

Nicht alle erreichen also die »durchschnittliche Lebenserwartung«: Es gibt Menschen, die bereits als Baby sterben und nur wenige Stunden oder Tage auf der Welt sind. Vor tausend Jahren – im sogenannten »Mittelalter«, zur Zeit der Ritter – starb die Hälfte der Menschen bereits vor dem 10. Geburtstag, die meisten davon im ersten Lebensjahr. Fehlende medizinische Versorgung war daran schuld, auch mangelnde Sauberkeit, nicht genügend Nahrung und Wärme.

Bis ins 19. Jahrhundert hat nur die Hälfte der lebend geborenen Kinder das 15. Lebensjahr erreicht. Ein Beispiel: Der Komponist Johann Sebastian Bach (1685–1750) hatte mit zwei Frauen (nach dem Tod der ersten heiratete er wieder) insgesamt zwanzig Kinder. Aber zehn Kinder starben bereits vor ihm!

Die Verhältnisse haben sich grundlegend verändert. Die heutigen Möglichkeiten, Leben zu bewahren, zu retten, zu verlängern, sind großartig: Man kann sogar einem Patienten ein anderes Herz einpflanzen, wenn seines zu krank ist.

Aber der Tod ist doch der Stärkere: In jedem Alter kann man sterben. Es gibt Menschen, die als Kindergartenkind oder Schüler sterben, als Jugendliche oder Erwachsene. In Ausnahmefällen werden Menschen auch extrem alt, über 100 Jahre. Doch irgendwann werden auch sie sterben. Denn jeder Mensch stirbt.

Was bedeutet denn »sterben«? Die Lunge atmet nicht mehr, der Körper bekommt also keinen Sauerstoff. Das Herz hört auf zu schlagen, durch den Körper fließt kein Blut mehr. Wenn das Gehirn nicht mehr mit Blut versorgt wird, geht es kaputt, und dann ist die »Steuerung« des Körpers nicht mehr möglich.

Alle Funktionen des Körpers fallen aus, er verliert seine Temperatur von 37 Grad und wird kalt und starr. Bei etwa der Hälfte der Menschen ist dieser Vorgang des Sterbens schmerzhaft. Man kann ihnen im Krankenhaus helfen, damit sie nicht leiden müssen. Bei der anderen Hälfte jedoch tut das Sterben nicht weh: Diese Menschen schlafen ruhig ein.

Wenn man weiß, dass ein Mensch bald sterben wird, dann ist es wichtig, ihn nicht allein zu lassen. Es gibt Leute, die sich besonders um Sterbende kümmern. Man nennt ihre Hilfe »Hospizdienst«. Sie begleiten sterbende Menschen bis zu ihrem Tod.

Wenn ein Mensch gestorben ist, nennen wir ihn tot:
Sein Körper, der nicht mehr lebt, wird zur »Leiche« (oder dem »Leichnam«). Ein Toter hat keine Gefühle mehr, also auch keine Schmerzen und Leiden. Er braucht keine Luft zum Atmen, kein Essen und Trinken. Durch einen Arzt wird gründlich überprüft, ob jemand wirklich tot ist oder nur fest schläft.
Der tote Körper beginnt bald, sich zu zersetzen, er verfault: Man nennt das die »Verwesung«. Deswegen muss die Leiche nach wenigen Tagen aus dem Bereich der Lebenden entfernt werden. Sie wird beerdigt oder verbrannt. Meistens wird dieses Abschiednehmen sehr feierlich gestaltet. Man wäscht und schmückt den Toten, man bettet ihn in einen Sarg. Das macht der »Bestatter«. Die Familie, Freunde und Nachbarn des Verstorbenen begleiten ihn auf seinem letzten Weg zum Grab.

Aber ist damit das Leben eines Menschen wirklich zu Ende?
Auf der Erde ja. Doch viele Menschen glauben, dass das Leben woanders irgendwie weitergeht. In den verschiedenen Religionen der Welt gibt es unterschiedliche Vorstellungen, was einen Menschen nach dem Tod erwartet: ein »Jenseits« im Himmel oder im Paradies, ein Weiterleben in einer anderen Welt oder in einem anderen Körper.

Und wir, die wir zurückbleiben?
Wenn ein Mensch gestorben ist, den wir mochten, den wir kannten und liebten, dann sind wir traurig. Die Trauer hat viele Gesichter. Es gibt kein richtiges oder falsches Trauern. Jede und jeder von uns hat eine eigene Weise, um einen gestorbenen Menschen zu trauern.

Dieses Buch will davon erzählen: von dem, was man über das Sterben und den Tod wissen möchte. Aber auch von Erfahrungen, die man mit dem Tod machen kann, und von Gefühlen, die man dabei hat. Einige Fragen lassen sich beantworten, aber andere nicht. Und wieder andere werden vielleicht beim Lesen erst entstehen.

Mit solchen unbeantworteten Fragen leben zu lernen, ist eine schwierige Aufgabe für uns Menschen. Eins aber ist gewiss: Der Tod ist ein Teil unseres Lebens.

Georg Schwikart

Ein paar wichtige Begriffe werden am Ende des Buchs in einem Kapitel »Fremdwörter und Fachausdrücke« erklärt.

Alles was lebt
wird einmal sterben

Stirbst du auch?

Eine alte Nachbarin war gestorben. Lukas, damals noch ein Kindergartenknirps, fragte mich bei einem Spaziergang: »Du, Papa, stirbt die Oma Male auch?« Ich antwortete nur: »Ja.« Wir gingen weiter, und nach ein paar Schritten wollte er wissen: »Und die Oma Irmgard, stirbt die auch?« Ich bejahte. »Und der Opa Hans?« Wiederum stimmte ich zu.

Einige Schritte gingen wir schweigend nebeneinander her. Dem Kleinen war anzusehen, dass er angestrengt nachdachte. »Und du und die Mama: Sterbt ihr auch?« Ich nahm das Kind an die Hand, gab ihm einen Kuss auf die Stirn und antwortete wahrheitsgemäß: »Ja, wir werden auch sterben. Aber hoffentlich erleben wir vorher noch viele, viele schöne Jahre miteinander.«

Lukas lächelte, aber erschöpft war das Thema noch nicht, denn plötzlich blieb er stehen, sah mich mit großen Augen an und legte seinen Kopf etwas schief: »Und ich?«

»Du hast noch ein ganz langes Leben vor dir. Ich hoffe, ein glückliches Leben. Wenn du dann alt bist, selbst einmal Kinder hast und vielleicht sogar Enkel … dann stirbst auch du, mein Sohn.«

Lukas verzog keine Miene. Wir gingen weiter. Im nächsten Augenblick fand er einen großen rostigen Nagel auf dem Weg, der seine Aufmerksamkeit fesselte. Er hatte plötzlich Hunger, und bat mich mit ihm zu spielen.

Als wir am nächsten Tag mit dem Fahrrad unterwegs waren und am Friedhof vorbei kamen, rief der Fünfjährige vergnügt, fast singend: »Guck mal, Papa, da kommen wir hin, wenn wir tot sind!«

Was sagt die Naturwissenschaft zu Leben und Tod?

INTERVIEW MIT DER BIOLOGIN
DR. GERBERA NALBACH

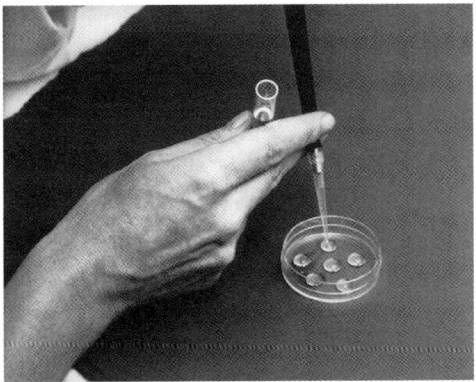

Künstliche Befruchtung im Labor

GEORG SCHWIKART: *Können Sie uns bitte aus Sicht der Naturwissenschaft erklären, was der Tod ist?*

DR. NALBACH: Tod bedeutet eigentlich: kein Leben.

GEORG SCHWIKART: *Und was bedeutet »Leben«?*

DR. NALBACH: Eine gute Frage! Ich fange einmal so an: Zur belebten Natur zählen wir Pflanzen und Tiere und natürlich den Menschen. Außerdem gehören dazu verschiedene ganz kleine Lebewesen, die nur aus einer Zelle bestehen; das sind die sogenannten »Einzeller«.

GEORG SCHWIKART: *Aber es bestehen doch auch Tiere und Pflanzen aus vielen einzelnen Zellen, oder?*

DR. NALBACH: Richtig. Die kleinen Zellen sind die Grundbausteine des Lebens. Jedes Lebewesen erfüllt bestimmte Bedingungen. Zum Beispiel drängt es alle Lebewesen, sich zu vermehren. Und alle können sich an eine veränderte Umwelt anpassen. Vor allem aber hat jedes Lebewesen einen energieverbrauchenden Stoffwechsel.

GEORG SCHWIKART: *Hui, das klingt kompliziert. Könnten Sie uns das bitte erklären?*

DR. NALBACH: Aber gern. Also, jedes Lebewesen grenzt sich durch eine Haut von seiner Umwelt ab. Das gilt für den Menschen, ebenso für einen Tiger, einen Blauwal oder einen Regenwurm, und auch für einen Apfelbaum, eine Kaulquappe oder Alge. Das sind ja alles Lebewesen. Jedes Lebewesen ist so etwas wie eine eigene kleine Welt. In jeder dieser kleinen Welten gibt es eine komplizierte Ordnung von verschiedenen Zellen. Jede Zelle hat eine bestimmte Aufgabe bekommen.

GEORG SCHWIKART: *Und was hält die Lebewesen am Leben?*

DR. NALBACH: Um leben zu können, braucht ein Lebewesen Energie.

GEORG SCHWIKART: *Wie die Taschenlampe eine Batterie braucht, …*

DR. NALBACH: …benötigen die Pflanzen Sonnenlicht, Wasser und Gase aus der Luft. Menschen und Tiere hingegen nehmen Dinge wie Zucker, Fett, Eiweiß und Sauerstoff auf. Daraus bilden sie einerseits Energie, andererseits auch Stoffe, mit denen sie wiederum neue Zellen aufbauen können.

GEORG SCHWIKART: *Aber es kommt ja nicht nur etwas hinein – es kommt ja auch wieder etwas heraus …*

DR. NALBACH: Das ist die Verdauung. Der Körper von Mensch und Tier nimmt sich, was er brauchen kann, und scheidet alles Überflüssige und Verbrauchte wieder aus.

GEORG SCHWIKART: *Und die Pflanzen?*

DR. NALBACH: Die Pflanzen geben als »Verdauung« hauptsächlich Sauerstoff ab. Und der ist wiederum lebenswichtig für Tiere und Menschen.

GEORG SCHWIKART: *Was Sie jetzt beschrieben haben, nennt man den »Stoffwechsel«, also die Aufnahme von lebenswichtigen Sachen und die Abgabe von verbrauchten Sachen.*

DR. NALBACH: Wenn dieser Stoffwechsel gestört wird, wird das Lebewesen krank. Hört er auf, stirbt es. Leben bedeutet andauernde Erneuerung der Zellen. Endet diese Erneuerung, endet auch das Leben. Und was nicht lebt, ist tot.

GEORG SCHWIKART: *Das waren interessante Informationen. Herzlichen Dank!*

Worte fürs Sterben

Sterben: Unsere Sprache ist erfinderisch, um dieses harte Wort zu ersetzen. Wir sprechen von

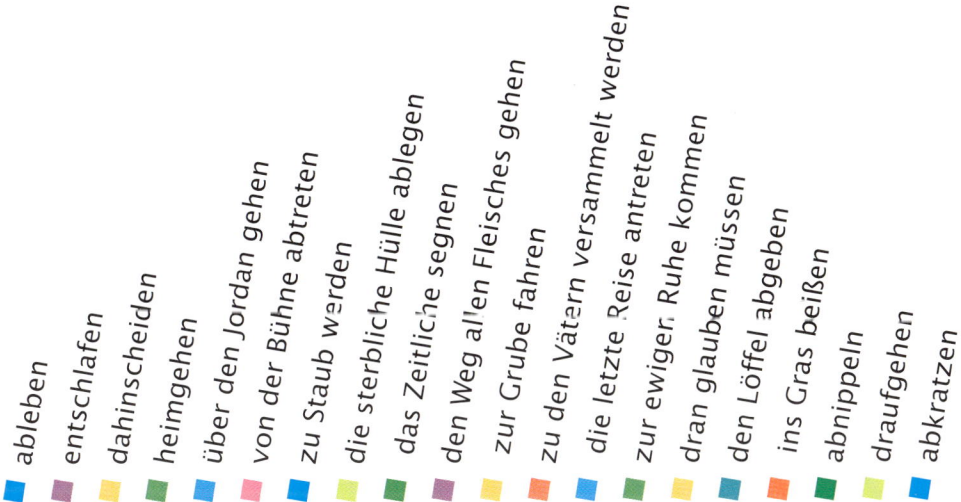

ableben · entschlafen · dahinscheiden · heimgehen · über den Jordan gehen · von der Bühne abtreten · zu Staub werden · die sterbliche Hülle ablegen · das Zeitliche segnen · den Weg allen Fleisches gehen · zur Grube fahren · zu den Vätern versammelt werden · die letzte Reise antreten · zur ewigen Ruhe kommen · dran glauben müssen · den Löffel abgeben · ins Gras beißen · abnippeln · draufgehen · abkratzen

Wer hat nicht schon mal den einen oder anderen Begriff gebraucht? Und haben wir nicht ein sicheres Gespür dafür, wann welcher passt und wann nicht? Nahe Angehörige, Freunde, Menschen, die uns etwas bedeuteten, lassen wir nicht salopp »hopsgehen«!

»Was weißt du vom Tod?«

Diese Frage habe ich Kindern und Jugendlichen gestellt. Eine Auswahl aus den Antwortbriefen findet ihr hier.

Ihr seht: Was den Tod angeht, da gibt es kein »Richtig« oder »Falsch«. Jeder macht sich seine eigenen Gedanken.

Ich denke, jeder sollte aus seinem Leben das allerbeste machen, nicht zuviel nachdenken, sondern einfach leben und irgendwann ist es vorbei. Als meine Oma gestorben ist, war ich zwar sehr traurig, doch ich wusste, dass sie ein fröhlicher Mensch war: Sie hat ihr Leben gelebt.
Ich habe keine Angst, aber ich denke, wenn der Tod näher rückt, werde ich bestimmt Angst bekommen.
Theresia, 13 Jahre

alle sind so traurig, denn der, der gestorben ist, den wird man nie wiedersehen. Ich denke, die Menschen, die gestorben sind, werden Engel und führen ein anderes Leben. Ein Bestatter holt die toten Menschen aus den Krankenhäusern, Altenheimen und Wohnungen und tut sie in einen Sarg, damit sie beerdigt werden können. Ich würde gerne einmal sehen, was nach dem Tod passiert und dann zurückkommen ins Leben.
Jacques, 12 Jahre

Vom Tod weiß ich nichts. Die Menschen sterben, weil sie alt sind oder krank, oder einen Unfall hatten, und weil jeder Mensch einmal sterben muss. Als unser Hund gestorben ist, hat Papa ihn zum Tierarzt gebracht und dort gelassen. Ich war sehr traurig, doch Nelly war auch schon sehr alt und krank.
Ich war schon auf mehreren Beerdigungen und keine hat mir gefallen. Alles ist so seltsam und

Ich werde bald 18 Jahre alt und denke nicht an den Tod. Doch wenn ich darüber nachdenke, muss ich eingestehen, dass ich Angst habe vor dem Sterben. Ich denke, sterben ist verbunden mit Schmerzen. Und weil man nicht weiß wann und wo es geschehen wird. Sicherlich weiß ich, dass wir alle einmal sterben müssen. Am besten sollte dies im

Schlaf geschehen. Ich war auf der Beerdigung von meinen Großeltern und meiner Tante und von Nachbarn. Bei der Beerdigung meiner Oma vor drei Jahren hat mir gar nicht gefallen, dass der Priester gesagt hat, Oma gehe es gut, dort wo sie jetzt ist. Wie konnte er so etwas sagen? Ich hatte noch viel mit ihr vor. Für mich war es schlimm, dass Oma nicht mehr da war, denn ich kann mir nicht vorstellen, was nach dem Tod geschehen wird, ob es wirklich ein anderes Leben gibt oder nicht.
Clara, 17 Jahre

Wie ich mir den Himmel vorstelle: Der ist ganz hell, schön, mit Springbrunnen und Blumenwiesen, Kornfeldern, blühenden Bäumen, dazwischen Sandwege. Natürlich sind Tiere auch dabei. Dort kriegt jeder ein eigenes Haus zugeteilt. Es gibt kein Geld. Alles, was man braucht, wächst an den Bäumen. Außerdem hat man viel Zeit, um sich mit seiner Familie Geschichten zu erzählen.
Wie ich mir den Tod vorstelle: Man geht erst durch einen dunklen Wald mit Matschwegen. Nach einiger Zeit stößt man auf eine herrliche Blumenwiese, wo Leute sind, die einem etwas zu essen und zu trinken anbieten. Danach fährt man mit einer goldenen Rolltreppe nach oben und steigt in den silbernen, goldverzierten Himmels-Express. Damit fährt man in den Himmel.
Lena, 10 Jahre

Meine Uroma will, ich soll beten, dass sie sterben kann. Aber ich mache das nicht, sonst hätte ich schon meine zweite Oma verloren.
Lukas, 11 Jahre

(Beim Abendgebet) Eigentlich braucht man gar nicht beten. Der liebe Gott hilft sowieso nicht. Papa: Warum nicht? Wie die Paula [die Katze] gestorben ist, hat er den Autofahrer nicht gebremst.
Benedikt, 6 Jahre

Meine erste Begegnung mit dem Tod war, als der Hund meiner Oma gestorben ist. Selbst hatte ich noch nie eine direkte Begegnung mit dem Tod. Das erste Mal, dass ich eine Begegnung mit dem Menschentod miterlebt habe, war, als der Onkel meines Vaters gestorben ist. Dann ist auch die Cousine meines Vaters gestorben. Ich wusste nie, wie meine Gefühle sein sollten, denn ich kannte keinen von beiden sehr gut.
Philipp, 12 Jahre

Ich denke, der Tod ist ein fester Bestandteil des Lebens. Jeder wird eines Tages sterben. Ich persönlich habe jedenfalls zur Zeit keine Angst zu sterben und hoffe immer noch, dass es nach dem Tod ein vielleicht manchmal besseres Leben gibt. Sicher ist, dass – wenn Menschen sterben, die wir sehr lieb haben – wir sehr traurig sind, da wir sie nicht mehr wiedersehen können. Ich habe noch nicht an vielen Beerdigungen teilgenommen, doch ich erinnere mich, dass es sehr kalt war und alle sehr schwarz gekleidet waren und weinten. Der Tod kann der Anfang eines neuen Lebens sein.
Dominique, 16 Jahre

Mein Testament
Beerdigung: Wenn ich sterbe, möchte ich verbrannt und über dem Meer verstreut werden. Wenn das nicht möglich ist, möchte ich in einen Mantel gewickelt ohne Sarg in ein Grab gelegt werden. Dieses Grab soll verwildern und eine Pferdestatue soll es zieren. Besitz: Wenn meine Tiere zu dieser Zeit noch leben, dann werden sie meinen Eltern vermacht. Wenn meine Eltern zu dieser Zeit schon tot sind, dann werden sie meiner besten Freundin Angela Halm vermacht. Mein Playmobil und meine Kuscheltiere bekommen meine Kinder, wenn ich zu dieser Zeit welche habe. Sonst bekommen sie meine beiden kleinen Cousins, Kilian und Yannik Rick. Der Rest meines Besitzes soll an arme Kinder verteilt werden.
Leyla, 10 Jahre

Ich finde es schwierig über den Tod zu sprechen. Oft mache ich um das Thema einen Bogen. Als mein Opa starb, war bei uns zu Hause eine bedrückte Stimmung: Alle waren traurig. Vor der Beerdigung waren wir noch einmal an dem offenen Sarg. Es war sehr erschreckend, wie weiß und steif er da lag.

In diesem Moment war ich froh, dass wir ihn zwei Monate vor seinem Tod noch im Krankenhaus besucht hatten und uns verabschiedet hatten. Das war ein kleiner Trost dafür, dass ich ihn nicht mehr sehen würde.
Almut, 13 Jahre

Ich finde es schade, dass Menschen sterben müssen, aber es muss sein, sonst wäre die Erde überfüllt. Im Januar ist meine Uroma gestorben, und ich war bei der Beerdigung dabei. In Wahrheit sterben Leute ja eigentlich nie, denn man hat ja immer die Erinnerungen, und die können nicht sterben. Alles in allem ist der Tod eine Art zweites Leben, nämlich im Himmel.
Judy, 11 Jahre

Die Menschen sterben, weil ihr Körper so verschlissen ist. Ich war schon einmal auf einer Beerdigung dabei: Alle Leute waren in schwarz gekleidet, niemand außer dem Pfarrer hat etwas gesagt. Die Stimmung war sehr gedrückt, die Angehörigen und Verwandten waren um den Sarg versammelt. Wenn ein Mensch gestorben ist, kommt seine Seele, je nachdem, ob er in seinem Leben gut oder schlecht gehandelt hat, in den Himmel oder in die Hölle.
Julian, 12 Jahre

Ich bin von dem Thema Tod bisher weitestgehend verschont geblieben, das heißt, dass noch niemand meiner Verwandten und Bekannten gestorben ist, und ich dementsprechend noch nie auf einer Beerdigung war. Aber ich habe schon zwei Tiere beerdigt, einen Igel und eine Katze, und für die zwei war es eine Erlösung, denn der Igel wäre im Winter erfroren und die Katze hat sich nur noch gequält aufgrund einer Verletzung. Ich glaube, dass es jedem von uns nach dem Tod besser geht und deswegen habe ich nur vor der Art

und Weise zu sterben Angst. Ich wünsche jedem Menschen, dass er sich nicht lange quälen muss um zu sterben.
Jakob, 13 Jahre

Also, meine Mutter hat mir mal erzählt, dass alle die, die kurz vor dem Sterben noch einmal zurückgeholt wurden, das gleiche erzählen: Sie hätten ein weißes, ganz helles Licht gesehen, und wären am liebsten dort geblieben. Es soll wunderschön gewesen sein.

Ich habe mal davon gehört, dass sich in manchen Ländern die Leute freuen, wenn jemand stirbt, und sie trauern, wenn einer geboren wird.

Manchmal wäre ich auch gerne tot. Ich bin so neugierig darauf, aber wenn ich dann nicht mehr da wäre … irgendwie geht das gar nicht. Na ja, abwarten, bis es so weit ist.

Der Himmel? Hmm … sieht wahrscheinlich für jeden anders aus. Vielleicht kommt man ja dann noch mal auf die Welt. Aber nicht nach Wunsch, sondern per Zufallsgenerator. (Ich werde dann vielleicht ein Junge, was ich mir nämlich nur ganz schwer vorstellen kann.) Und vielleicht gibt es ja auch so etwas wie eine andere Welt. Oder man wird über alles aufgeklärt.

Ich meine, was ist denn schon der Himmel? Da sind Wolken, das heißt Wasserdampf, und die Luft wird immer dünner. Ich habe mir mal vorgestellt, dass das ganze Universum winzig klein und in einer Schneekugel ist. Und dass es Zauberei gibt, und dass diese Schneekugel einem Zauberer gehört und es eben dort noch eine andere Welt gibt, wo viel, viel mehr möglich ist. Und es ist ja auch nur das »Innere«, das in den Himmel kommt, denn die Hülle bleibt ja da. Die »Seele« kommt in den Himmel.
Sarah, 12 Jahre

Ich glaube nicht, dass der Tod allem ein Ende setzt, sondern eher, dass er ein neuer, unbekannter Anfang ist. Die Menschen, die gestorben sind, hat man nicht für immer verloren, sondern nur für eine kurze Zeit. Nach dem eigenen Tod wird man sie wiedersehen. Angst macht mir die Ungewissheit, was das Leben nach dem Tod bringt – dass niemand wirklich weiß, was passiert.

Kirsten, 13 Jahre

Zunächst weiß ich fast nichts vom Tod, nur die Tatsache, dass alles, was lebt, eines Tages sterben muss. Aber ich bin überzeugt, dass niemand auf dieser Erde etwas über den Tod weiß. Natürlich kann jeder sich den Tod vorstellen, aber wir werden erst dann wirklich wissen wie der Tod ist, wenn wir sterben. Ich halte den Tod für etwas Normales: Er ist das Ende des Lebens. Als ich jünger war, hatte ich Angst vor dem Tod, weil ich dachte, dahinter befinde sich das Nichts. Ich hatte geglaubt, dass man nicht existiert, wie vor der Geburt. Ich kann mir nicht vorstellen, dass es ein Paradies und eine Hölle gibt.

Das ist doch nur eine Art, den Menschen Angst zu machen, damit sie sich gut benehmen. Dennoch glaube ich den Menschen, die mit ihren Toten sprechen. Oder denen, die noch einmal davon gekommen sind und die den Tod gesehen haben. Das ist mir alles ein großes Rätsel.

Ich war nur einmal auf einer Beerdigung, für meinen Großvater letztes Jahr. Seltsamerweise war ich nicht einen Augenblick lang traurig. Alles war neu und machte mich neugierig. Ich konnte einfach nicht glauben, dass mein Großvater in dem Sarg, den ich da sah, liegen sollte.

Nach dem Tod sind die Menschen für mich verschwunden: Vielleicht sind sie nur Staub oder in unseren Köpfen zu Schutzengeln geworden. Sind die Toten noch mit uns verbunden? Ist ihr Geist im Himmel? Haben sie noch ein Bewusstsein? Haben sie noch andere Leben? Es gibt so viele Fragen, auf die ich eine Antwort haben möchte. Jetzt habe ich verstanden, dass ich keine Angst vor dem Tod haben muss. Wenn wir leben, kennen wir den Tod nicht. Und wenn wir tot sind, können wir keine Angst mehr haben. Das beruhigt mich.

Steffi, 16 Jahre

Blattmeditation

Schau dir das Blatt in deinen Händen an.
Wie fühlt es sich an?
Wie sieht es aus?

Das Blatt war einmal viel schöner,
es war einmal saftig und grün.
Nun ist es alt,
braun und vertrocknet.

Im letzten Winter war das Blatt noch gar nicht da.
Im Frühling kam es dann aus einem ganz kleinen Trieb hervor.
Im Sommer hatte das Blatt seine beste Zeit:
Wir konnten unter den Blättern des Baumes im Schatten sitzen.

Nun ist es Herbst.
Das Blatt ist vom Baum gefallen.
Es ist tot.
Die Blätter, die draußen liegen bleiben, zerfallen.
Von ihnen bleibt nichts übrig, was man sehen kann.

Wir Menschen sind wie die Blätter:
Wir werden geboren, wir leben, und irgendwann einmal sterben wir.
Was bleibt von uns, wenn wir tot sind?

Aus dem Leben scheiden

Sprichwörter sind die Weisheit der Völker

- Arm ist, wer den Tod wünscht, aber ärmer, wer ihn fürchtet.
- Der Tod macht mit allem Feierabend.
- Der Tod macht alle gleich, er frisst arm und reich.
- Der Tod zahlt alle Schulden.
- Gegen den Tod ist kein Kraut gewachsen.
- Des einen Tod, des andern Brot.
- Jeder Augenblick im Leben ist ein Schritt zum Tod hin.
- Wir fahren alle im gleichen Zug und keiner weiß, wie weit.
- Der Tod kommt ungeladen.
- Sterben möchte ich nicht, aber tot sein, das macht mir nichts aus.
- Der Tod hat keinen Kalender.
- Der Schlaf ist ein Bild des Todes.
- Nichts ist umsonst, nur der Tod – und selbst der kostet das Leben.

Kevin muss gehen

Das Wort »Hospiz« heißt übersetzt »Herberge«. So nennt man aber auch ein Haus, in dem sterbende Menschen bis zum Tod begleitet werden. In Halle an der Saale gibt es einen »ambulanten Hospizdienst für Kinder«. Das bedeutet: So lange es geht, bleiben die todkranken Kinder zu Hause in ihrer gewohnten Umgebung, werden aber regelmäßig von Hospizbegleitern besucht.

Einer davon ist Tom Schäfer, der seit zwei Jahren Medizin studiert. Hier lest ihr Auszüge aus seinem Tagebuch.

Montag, 30. August

Heute wurde mir zur Betreuung ein Junge anvertraut: Kevin Merten, 9 Jahre alt, unheilbar an Krebs erkrankt. Er wohnt mit seiner Mutter in einem Hochhaus am Stadtrand. Frau Merten arbeitet als Kassiererin in einem Supermarkt. Vor zwei Jahren hat der Vater die Familie verlassen. Er ist Matrose und meldet sich selten.

Donnerstag, 2. September

Erster Besuch bei Merten. Da Kevin ein Krankenbett benötigt, liegt er im Wohnzimmer. Durch die Chemotherapie hat er keine Haare mehr auf dem Kopf. Er sieht fern. Ich stelle mich vor, doch er wendet seinen Blick nicht vom Bildschirm ab. Ich bleibe nur ein paar Minuten und kündige an, nächste Woche wieder zu kommen.

Dienstag, 7. September

Eine Nachbarin öffnet mir; die Mutter ist arbeiten. Kevin guckt fern. Immerhin erwidert er meinen Gruß mit einem kurzen »Hallo«. Ich rücke mir einen Stuhl neben das Bett und sehe mir auch den Film an: einen Krimi mit Verfolgungsjagd und Schießerei. Ohne mich anzuschauen sagt Kevin: »Die haben sich vertan.« – Ich frage, wer? – »Im Krankenhaus. Die haben bestimmt die Untersuchungsergebnisse vertauscht.«

- -

Freitag, 10. September

Kevins Ärztin ist da, Frau Dr. Benz. In der Küche wage ich sie zu fragen, wie lange er noch Zeit habe. Sie zieht die Schultern hoch: »Wer weiß es?« – Kevin weiß es. Er schnauzt mich an, als ich das Zimmer betrete. »Was willst du? Du kannst mir auch nicht helfen.« Ich biete an: »Wenn du möchtest, können wir miteinander reden.« – Er brauche niemanden. – »Mit einem Fernseher kann man nicht reden«, sage ich. Als ich mich verabschiede, sieht er mir in die Augen.

- -

Dienstag, 14. September

Kevin hat heute kein Wort mit mir gesprochen.

- -

Samstag, 18. September

Wenn ich Kevins Zimmer betrete, tut er so, als wäre ich gar nicht da. Ich überlege, ob es besser ist, diese Betreuung aufzugeben. Ich spreche mit Frau Merten darüber. Sie überrascht mich: »Als Sie gestern nicht gekommen sind, hat er nach Ihnen gefragt.«

- -

Mittwoch, 22. September

Zum ersten Mal läuft der Fernseher nicht. Kevin schläft. Er wirkt älter als andere Kinder in seinem Alter. Mein Gott, warum hat dieser Junge keine Zukunft vor sich? Ich bleibe eine Stunde lang an seinem Bett.

Donnerstag, 23. September

Das Eis schmilzt! Als ich komme, schaltet Kevin mit der Fernbedienung die Kiste aus. Er sagt: »Ich will nicht sterben. Ich will noch ein paar Sachen erleben!« – »Welche denn?« – »Erstens: in den Zirkus. Zweitens: Von Beruf will ich Archäologe werden. Und drittens . . . « Er schluckt. – »Drittens?«, hake ich nach. – ». . . möchte ich Papa noch mal sehen.«

Freitag, 24. September

Versuche, telefonisch einige Dinge zu klären: ob man mit Kevin im Rollstuhl in den Zirkus gehen könne. Ausgeschlossen, meint Frau Dr. Benz. – Frage meine Schwester Hilde in Köln, ob sie eine Idee habe, wie an Kevins Vater dranzukommen sei. Ihn auf den Weltmeeren aufzuspüren, scheint unmöglich.

Montag, 27. September

Am Vormittag erzähle ich in der Gruppe der Hospiz-Betreuer von Kevin. Karin, eine aus der Runde, hat eine Super-Idee: ob nicht ein paar Kommunionkinder eine Art Mini-Zirkus veranstalten könnten, bei Kevin am Krankenbett. Karin kümmert sich darum.
Am Nachmittag bei den Mertens: Kevins Mutter sieht so erschöpft aus. Die letzte Nacht hat sie an der Seite des Jungen gesessen, weil er immer wieder aus schrecklichen Alpträumen aufwachte und dann ängstlich schrie. Um Kevins Augen liegen dunkle Ränder. Aber er fragt mich, als wäre nichts gewesen: »Wusstest du eigent-

lich, dass die Steine der Pyramiden so dicht aufeinanderliegen, dass nicht einmal Stanniolpapier dazwischenpasst?« – Ich meine, eine Art Lächeln auf Kevins Lippen gesehen zu haben.

Mittwoch, 29. September

Eine gute Nachricht von Karin: Vier Kommunionkinder werden ein wenig Zirkus vorbereiten.

Freitag, 1. Oktober

Riesenschreck, als ich in sein Zimmer komme: Der Junge liegt kerzengerade da, das Gesicht zur Decke gerichtet, Mund und Augen offen. Wie tot! Er sagt: »Warum noch warten? Wenn ich sterben muss, dann wenigstens schnell!«

Sonntag, 3. Oktober

Zünde in der Kirche eine Kerze für Kevin an.

Montag, 4. Oktober

Ein Rückfall: Der Fernseher läuft wieder, ununterbrochen. Kevin spricht nicht mit mir. Ich bleibe eine halbe Stunde, gehe enttäuscht weg.

Dienstag, 5. Oktober

Im Gemeindehaus nehme ich an der Probe der Kommunionkinder teil: Jenny kann mit drei

Bällen jonglieren. Linda hat einen Hund, der auf Kommando durch einen Reifen springt; zwar nicht so aufregend wie ein Tiger, aber immerhin. Lars zieht sich ein buntes Kostüm an, setzt eine Perücke und eine rote Nase auf und erzählt witziges Zeug. – Ob das Kevin nicht ein bisschen erheitern wird?

Donnerstag, 7. Oktober

Meine Schwester Hilde in Köln hat durch das Rote Kreuz, über Internet und zahlreiche Beziehungen herauszufinden versucht, wo Kevins Vater steckt. Aber es gibt mindestens ein Dutzend Seemänner, die Merten heißen. Das wird wohl nichts werden. Vereinbare am Abend telefonisch mit Frau Merten, dass ich morgen von den Kommunionkindern begleitet werde.

Freitag, 8. Oktober

Kevin ging es zu schlecht; er kann keinen Besuch vertragen. Ich muss die Kommunionkinder heimschicken. Schade. Sitze an Kevins Bett, nehme seine Hand; er zieht sie nicht weg.

Montag, 11. Oktober

Kevins Zustand bessert sich kaum. Er scheint vor sich hin zu dämmern. Ich sitze einfach nur bei ihm, singe ab und zu leise ein Lied und gebe ihm einen Schluck zu trinken.

Donnerstag, 14. Oktober

Es geht ihm besser. Er kann wieder sprechen und essen. Er hätte sonst ins Krankenhaus gemusst. »Weißt du«, sagte er heute zu mir, »jetzt soll es endlich passieren.« – Was

denn, frage ich. Er antwortet: »Mach mir doch nichts vor. Es dauert nicht mehr lange. Ich bin fast ein bisschen neugierig.« Ich nicke nur.

Mittwoch, 20. Oktober

Morgens um fünf Anruf von Frau Merten. Kevin sei schlecht dran, ich möge kommen. Dr. Benz ist da und die Nachbarin. Kevin atmet flach. Reihum lösen wir uns mit der Wache an seinem Bett ab. Ich weiß nicht, was der Junge noch mitbekommt. Aber er soll nicht allein sein.

Donnerstag, 21. Oktober

Erst am Vormittag gehe ich heim. Kevin ist schwach, aber sein Zustand ist stabil. Kehre am Nachmittag zurück. Frau Merten erzählt von früher, als Kevin noch klein war.
Als es am Abend klingelt, denken wir, da komme die Ärztin. Aber es ist Kevins Vater. Er steht im Türrahmen des Wohnzimmers und bringt kein Wort heraus. Aus der Jackentasche zieht er ein Päckchen: »Für Kevin!« Er reicht es seiner Frau. »Zu spät«, sagt sie leise. – Er lebe doch noch, sage ich, und ermuntere die Mutter, für ihren Sohn das Päckchen auszupacken. Es ist ein kleiner Käfer aus Elfenbein. »Aus Alexandria«, flüstert Herr Merten. Ich lege den Käfer ganz behutsam in Kevins Hand. Er zeigt keine Reaktion.

Freitag, 22. Oktober

Gegen 8 fahre ich schnell nach Hause, um zu duschen und mich umzuziehen. Um 9.12 Uhr geht das Telefon: Kevin ist tot, sein Herz hat aufgehört zu schlagen. Ich eile zurück: Kevin sieht aus, als schliefe er nur. Ich berühre seine Hand, sie ist noch warm. Darin der ägyptische Käfer.

Dienstag, 26. Oktober

Heute haben wir Kevin beerdigt. Viele Leute waren da: seine ehemalige Schulklasse, Nachbarn, auch die Kommunionkinder, die für ihn Zirkus spielen wollten. Im Stillen habe ich für Kevin gebetet: Er möge dort ankommen, wo es keinen Schmerz mehr gibt, keine Tränen und keinen Abschied.

Samstag, 30. Oktober

Ich ging heute früh zu seinem Grab. So ein tapferer Bursche! Er hat schon geschafft, was wir alle noch vor uns haben. Und mir war, als würde Kevin sagen: »Hey, du, Tom, lebe jeden Tag, als sei es dein letzter. Du weißt nicht, was kommt!« – Gott, ich danke dir, dass ich Kevin Merten kennen lernen durfte.

An vielen Orten gibt es Kinder, die kein langes Leben vor sich haben, sondern schon in jungen Jahren sterben müssen. Und zum Glück gibt es in einigen Städten Leute wie Tom Schäfer, die Menschen wie Kevin nicht allein lassen.

Was Hospizhelfer tun

Früher war es Aufgabe der Familie, einen sterbenden Menschen bis zum Tod zu begleiten. Aber manchmal ist niemand da, der das machen kann: Vielleicht hat der Sterbende keine Verwandten, oder sie leben ganz weit entfernt, oder sie haben wegen ihres Berufes keine Zeit. Dann kommen Hospizhelferinnen oder Hospizhelfer. Was tun sie?

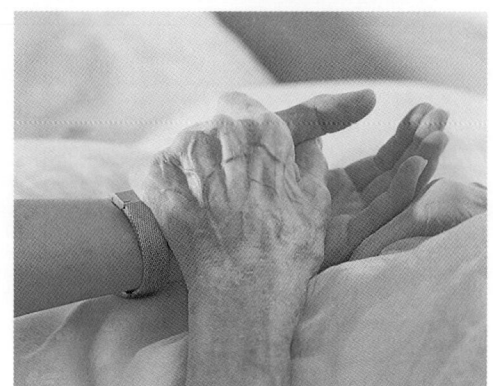

Sie haben Zeit für den Sterbenden.

Sie hören ihm zu.

Sie erzählen mit ihm.

Sie schweigen mit ihm.

Sie fragen nach ihm.

Sie weinen mit ihm.

Sie lesen ihm Geschichten vor.

Sie halten seine Hand.

Sie beten mit ihm.

Sie ...

Nah-Tod: »Es ist noch niemand zurückgekommen«

Was uns Menschen nach dem Tod erwartet, weiß niemand. Der Tod ist eine scharfe Grenze. Wer diese Grenze überschritten hat, kann nicht wieder zu den Lebenden zurückkehren.

Aber manche Menschen haben Erfahrungen gemacht, durch die sie nahe an diese Grenze gebracht wurden. Sie waren fast tot, mehr tot als lebendig. Aber dann kamen sie doch zurück ins Leben. Menschen, die so etwas erlebt haben, erinnern sich später:

Herr Thomas hat sich selbst betrachtet wie ein Zuschauer – so, als hätte für kurze Zeit die Seele seinen Körper verlassen.

Frau Braun erzählt, ihr ganzes Leben sei wie ein Film an ihr vorübergezogen. Sie hätte alle wichtigen Ereignisse noch einmal gesehen.

Julia sagt, sie sei durch einen Tunnel gegangen, der war dunkel: Am Ende aber habe helles Licht gestrahlt.

Die meisten Menschen, die solche sogenannten »Nahtod-Erfahrungen« gemacht haben, finden übereinstimmend: Das, was sie da erlebt haben, war schön! – Wir wissen nicht, ob sie den »Himmel« gesehen haben, aber sie haben die Angst vor dem Tod verloren.

Wenn ein Mensch sich selbst tötet

So viele Fragen und so wenige Antworten

Kennst du es auch, dieses Gefühl: Das ganze Leben scheint nur noch eine Qual zu sein. Alles ist hoffnungslos, nichts kann einen noch freuen. Und du fragst dich: »Wozu lebe ich eigentlich noch? Ich kann das Leben nicht mehr ertragen, ich habe es satt, ich bin total am Boden.«

Manchmal stellt sich dieses Gefühl ein, wenn man große Schwierigkeiten hat, von denen man glaubt, dass sie nicht zu lösen sind. Bei Kindern und Jugendlichen liegen diese Probleme oft in der Schule. Die Leistungen sind schlecht, oder alle sind gegen einen. Vielleicht lässt einen auch der beste Freund oder die beste Freundin im Stich oder geht fort. Oder die Eltern wollen sich trennen. Oder man hat etwas Schreckliches erlebt, worüber man nicht hinwegkommen kann.

Dann wird alles trübe und traurig. Man will morgens gar nicht mehr aufstehen und hat zu nichts mehr Lust. »Wozu?«, fragt man sich. »Es ist ja doch alles sinnlos.«

Wenn man trotzdem weitermacht, wenn man trotzdem nicht aufgibt, dann erlebt man eines Tages, dass es auch wieder gut wird. Dann fragt man sich: »Was war denn nur mit mir los? Das Leben ist doch trotz mancher Schwierigkeiten eigentlich schön, und irgendwie geht es auch immer mal wieder aufwärts.« Aber in der Zeit, in der es in der Seele nur noch finstere Nacht ist, kann man daran einfach nicht glauben. Und darum halten manche Menschen nicht durch. Sie nehmen sich das Leben.

Es ist etwas ganz anderes, ob ein Mensch durch eine Krankheit stirbt, durch einen Unfall, an Altersschwäche – oder durch den selbstgewählten Tod. Es fällt schwer, für diese Handlung ein passendes Wort zu finden. Wir sprechen von »Freitod« oder »Selbsttötung«, oder wir benutzen das lateinische Wort »Suizid«. Der allgemein übliche Begriff »Selbstmord« scheint nicht recht zu passen. Denn laut Gesetz ist ein »Mörder« jemand, der einen anderen Menschen aus böser Absicht tötet. Sind denn alle, die freiwillig den Tod wählen, böse? Wohl kaum.

Wenn ein Mensch sich umbringen will, wendet er gegen sich selbst Gewalt an. Er ist voller Aggression gegen sich, denn er kann sich selbst nicht mehr lieben. Er ist voller Wut, die er nicht an anderen, sondern an sich selbst auslässt. Daher stürzt er nicht andere, sondern sich selbst von Brücken oder Häusern, vor Autos oder Züge. Oder er erstickt sich durch Gas oder Aufhängen. Er schneidet sich die Pulsadern auf. Er nimmt Gift oder zu viele Medikamente. Manchmal erschießt er sich auch.

Weil das etwas so Schreckliches ist, und weil wir wissen, dass Menschen, die sich selbst töten, furchtbar gelitten haben, darum vermeiden wir in unserer Sprache für ihr Handeln Begriffe wie »töten« oder »Mörder«. Wir versuchen, es zu umschreiben, mit Wörtern, die sich verständnisvoller und weniger anklagend anhören:
- sich das Leben nehmen
- freiwillig aus dem Leben scheiden
- den Freitod wählen
- ins Wasser gehen
- Hand an sich legen
- Schluss machen

Warum tun Menschen so etwas?
Warum werden manche Menschen mit sich und ihren Problemen fertig, während andere nicht damit umgehen können? Warum hält der eine durch und der andere nicht? Warum erlebt der eine das Leben dunkler als der andere? Darauf gibt es keine schnellen Antworten, vielleicht sogar überhaupt keine. Gewiss aber ist, dass die Menschen schon sehr verschieden auf die Welt kommen und in den ersten Lebensjahren sehr unterschiedliche Erfahrungen machen. Und diese Erfahrungen können ihre Lebenskraft stärken oder auch schwächen.
Manchmal glaubt man zu wissen, warum ein Mensch sich das Leben genommen hat: Der eine sah keinen Sinn mehr darin, weiterzuleben, weil er einen schweren Verlust erlitten hatte: weil er einen geliebten Menschen, seine Arbeit oder Lebensaufgabe, seine Gesundheit oder seine Heimat verloren hatte. – Der andere war in so großen Schwierigkeiten, dass er keinen Ausweg mehr sah: Er hatte Schulden oder konnte den Leistungsdruck im Beruf nicht mehr aushalten, er steckte in einem tiefen Gewissenskonflikt, oder man hatte

ihm eine schwere seelische Verletzung zugefügt. – Wieder ein anderer hatte an einer unheilbaren Krankheit mit so schlimmen Schmerzen gelitten, dass er sie nicht mehr ertragen konnte.

Und dann gibt es Menschen, die alle diese Probleme nicht haben und trotzdem nicht mehr leben wollen. Eigentlich haben sie alles, was sie brauchen: Sie haben Menschen, die ihnen nahe stehen, einen guten Beruf, genug Geld, und gesund sind sie auch – wenigstens ihr Körper. Aber sie leiden dennoch, denn ihre Seele ist krank. Diese Seelenkrankheit heißt »Depression«, das bedeutet »niedergedrückte Stimmung«. Man sagt auch »krankhafte Schwermut« dazu. Sie kann verschiedene Ursachen haben, und darauf spezialisierte Ärzte können Medikamente dagegen verschreiben, sie behandeln und heilen wie körperliche Krankheiten auch. Aber wenn Menschen, die daran leiden, nicht zum Arzt gehen und sich helfen lassen, kann das Leiden so schlimm werden, dass sie sich das Leben nehmen.

Schließlich gibt es Menschen, die sich das Leben nehmen, weil sie geistesgestört sind. Sie nehmen die Wirklichkeit anders wahr als wir, haben Wahnvorstellungen und daher sehr viele Ängste und furchtbare Erlebnisse.

Manchmal aber haben Menschen auch einen ganz anderen Grund, sich selbst zu töten. Sie wollen mit ihrem Freitod vielleicht anderen Menschen Schuldgefühle bereiten. Zum Beispiel wollen sie ausdrücken: »Du hast mich nicht genug geliebt. Das hast du jetzt davon.« Oder: »Ihr habt mich nicht ernst genommen, als ich gesagt habe, dass ich es nicht mehr aushalten kann. Ihr habt mich immer nur ausgelacht. Seht ihr, ich habe es ernst gemeint!« – Oder sie wollen ein Zeichen setzen und auf ein politisches Anliegen aufmerksam machen. Es gab beispielsweise Menschen, die sich selbst verbrannten, um damit gegen Diktatur und Unterdrückung zu protestieren. Wieder andere wollen für eine, wie sie glauben, gerechte Sache sterben.

Viele Menschen kündigen ihren Freitod an

Früher hat man gemeint, dass derjenige, der ankündigt, sich das Leben nehmen zu wollen, nicht Ernst mache, sondern nur leere Drohungen ausspreche, um auf sich und seine Probleme aufmerksam zu machen. Man hielt ihn für einen Wichtigtuer. Das ist aber nicht so. Von hundert Menschen, die davon gesprochen haben, sich das Leben zu nehmen, haben es achtzig dann auch wirklich getan!

Mögliche Warnzeichen können sein:
- Jemand spricht sehr häufig über das Thema Freitod.
- Jemand lässt Bemerkungen fallen, wie: »Es hat alles keinen Sinn. Ich falle jedem zur Last.«
- Jemand hat plötzlich keine Freude mehr an bis dahin geliebten Gegenständen und gibt sie alle her.
- Jemand zieht sich von Freunden zurück und hat zu nichts mehr Lust.
- Jemand hat für alles keine Kraft mehr, ist nur noch erschöpft, kann aber auch nicht mehr schlafen.

Wenn jemand auch noch von genauen Plänen spricht, wie er sich das Leben nehmen will, dann ist er in allergrößter Gefahr!

Manche Menschen unternehmen den Versuch, sich das Leben zu nehmen, in der Hoffnung, dabei rechtzeitig entdeckt und gerettet zu werden. Das ist kein schlechter Scherz, sondern ein Hilferuf – damit will jemand ausdrücken: »Ich kann nicht mehr so leben, wie ich zur Zeit leben muss, bitte nehmt euch doch endlich meiner an!«

Es ist notwendig, zu wissen, wer Hilfe anbietet

Menschen, die nicht mehr leben wollen, brauchen jemanden, mit dem sie reden können, der ihnen zuhört, sie ernst nimmt und ihnen hilft, an ihrer Situation etwas zu ändern: die Telefonseelsorge, den Hausarzt, Pfarrer, die Polizei, oder einen guten Freund. Wichtig zu wissen ist auch, dass es Fachärzte und Therapeuten gibt, deren Beruf es ist, lebensmüden Menschen zu helfen, damit sie die Kraft und den Mut zum Leben wiederfinden.

Und die, die zurückbleiben?

Wenn man jemanden gekannt hat, der sich das Leben genommen hat, dann bleiben Fragen, Fragen, Fragen. Dann macht man sich Vorwürfe, weil man seine Not nicht wahrhaben wollte oder seine Ankündigungen nicht ernst genommen hat. Vielleicht hätte man ja helfen können, vielleicht wäre Rettung möglich gewesen, wenn man nur mehr mit ihm gesprochen oder besser auf ihn achtgegeben hätte.

Menschen, die so zurückgelassen werden – Angehörige, Freunde – brauchen Verständnis und Fürsorge. Was sie auf keinen Fall brauchen können, sind Vorwürfe.

Den »Selbstmörder« nicht zu verurteilen, ist das eine. Er hat sich die Freiheit genommen, selbst zu bestimmen, wie lange er als Mensch auf der Erde leben wollte. Verhindern können wir es nicht, dass es immer wieder Menschen gibt, die sich mehr nach dem Tod als nach dem Leben sehnen. Aber wir können dazu beitragen, dass es immer weniger Gründe dafür gibt, warum Menschen es hier auf dieser Welt nicht mehr aushalten.

Gibt es viele Menschen, die sich das Leben nehmen?

Auch wenn es sonderbar klingt: Viele der ärmsten Länder dieser Erde haben niedrigere »Selbstmordraten« als Deutschland. »Selbstmordrate« ist eine Zahl die angibt, wie viele von 100 000 Menschen pro Jahr in einem Land durch eigene Hand sterben. Der Wohlstand befriedigt zwar unsere wirtschaftlichen Bedürfnisse. Wir leiden nicht unter Hunger und Kälte, haben ein Dach überm Kopf, und viele Ärzte und andere Helfer, die ein-

greifen, wenn es nötig ist. Aber dennoch nehmen sich in diesem Land jährlich 12 000 Menschen das Leben. Das sind mehr als Unfallopfer und Drogentote zusammengerechnet.

Über 200 Suizide gibt es auch bei uns in jeder Woche; es nehmen sich also täglich 30 Menschen das Leben; etwa alle 45 Minuten einer. Dazu gibt es noch eine hohe »Dunkelziffer« – das sind jene Todesfälle, bei denen nicht geklärt werden kann, ob jemand durch einen Unfall oder durch eigene Hand gestorben ist. Weltweit gerechnet, bringt sich etwa alle vier Minuten ein Mensch um – 500 000 in einem Jahr. So viele Menschen wollen nicht mehr leben.

Wie geht man mit einer Leiche um?

Was ist das: eine Leiche?

Eine Leiche, ein Leichnam, ist keine »Person« mehr: kein Mensch mehr, der fühlen und denken, etwas tun oder lassen kann.

Ein Leichnam ist aber auch keine »Sache«, die man wie einen kaputten Apparat einfach auf den Müll wirft.

Er ist der Körper eines verstorbenen Menschen, der auf der Welt einzigartig war. Deswegen gehen wir ehrfürchtig mit einer Leiche um.

Dieser Körper war einmal das »Zuhause« von dem, was wir »Seele« nennen. Der Leichnam ist das, was an einem Menschen sterblich ist. Und darum bekommt er eine letzte Ruhestätte an einem besonderen Ort.

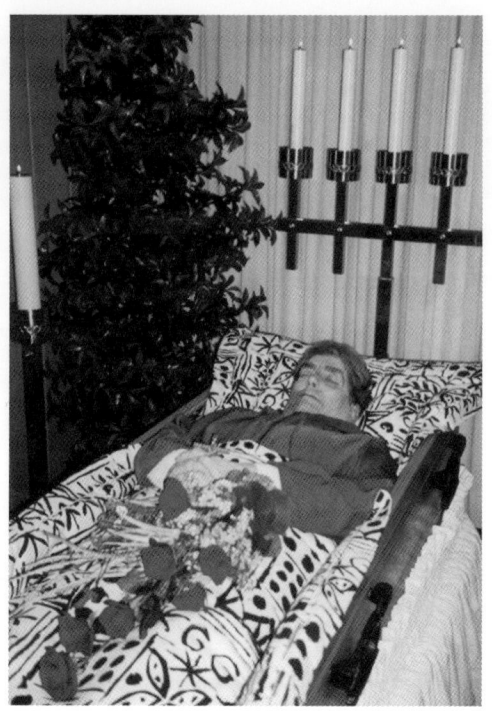

Herr Dimmer ist gestorben:
Wir begleiten einen Bestatter

Montagmorgen, kurz nach sieben. Familie Faßbender sitzt am Frühstückstisch. Die Kinder müssen gleich zur Schule. Die Eltern brauchen nur eine Etage nach unten zu gehen, dann befinden sie sich in ihrem Geschäft: Sie betreiben in Sankt Augustin bei Bonn ein Bestattungsinstitut.

Um kurz vor halb acht klingelt das Telefon. Eine alte Dame ruft an. Ihr Mann ist in der vergangenen Nacht verstorben: Roland Dimmer, 73 Jahre alt.

Frau Faßbender fragt zunächst nach, ob bereits ein Arzt dagewesen sei. Diese Frage ist wichtig: Ein Arzt muss eine »Todesbescheinigung« ausstellen. Das ist eine Bescheinigung, die erklärt, wann und woran ein Mensch gestorben ist. Manchmal nämlich ist die Todesursache unklar: Wenn beispielsweise jemand aus dem Fenster gefallen ist und sich das Genick gebrochen hat, dann weiß man zunächst nicht, ob das ein Unfall war, ob er absichtlich gesprungen ist, weil er sich das Leben nehmen wollte, oder ob ihn ein anderer hinuntergeschubst hat – das wäre Mord! Ist die Todesursache unklar, dann muss die Kriminalpolizei eingeschaltet werden. Bei Herrn Dimmer aber war die Sache eindeutig: Er hatte kurz nach Mitternacht einen Herzinfarkt erlitten. Seine Frau rief den Notarzt, der bemühte sich noch um Wiederbelebung, konnte jedoch nicht mehr helfen. Herr Dimmer war schon tot gewesen, als der Arzt eintraf.

Frau Dimmer wollte ihren Mann noch ein paar Stunden lang zu Hause haben. Sie saß mit der Tochter an seinem Bett, betete, schwieg, weinte, erinnerte sich an die lange Zeit, die sie beide zusammen gelebt hatten. Diese Stunden zum Abschiednehmen waren ganz wichtig für sie. Deswegen ruft sie erst jetzt am Morgen den Bestatter an. Frau Faßbender fragt nach, ob man den Verstorbenen nun abholen soll. »Ja, kommen Sie«, bittet Frau Dimmer, »jetzt kann ich ihn gehen lassen«.

Herr Faßbender legt die Zeitung weg und trinkt einen letzten Schluck Kaffee. Er ruft seinen Mitarbeiter an. Beide machen sich auf den Weg zur Wohnung der Dimmers. Dort lassen sie sich von Frau Dimmer die Todesbescheinigung zeigen. Dann legen sie den Toten behutsam auf ein Lei-

chentuch und betten ihn auf eine Trage, wie sie auch bei Krankentransporten benutzt wird. Sie haben einige Mühe den Leichnam über die Treppe aus dem zweiten Stock des Mehrfamilienhauses nach unten in den Leichenwagen zu bringen. Bevor sie abfahren, lassen sie sich von Frau Dimmer noch Kleider geben, die sie später dem Toten anziehen werden.
»Was soll ich denn da nehmen?«, fragt Frau Dimmer.

»Das, was er immer gern getragen hat«, rät Herr Faßbender.
»Tja, eigentlich hat er ja am liebsten einen bequemen Jogginganzug angehabt …«
»Das wäre auch o.k.«, meint der Bestatter. Aber Frau Dimmer entscheidet sich doch für den grauen Anzug, den ihr Mann immer bei Festen getragen hat, dazu ein weißes Hemd, eine blaue Krawatte und die schwarzen Lackschuhe.

Im Bestattungsinstitut wird der Leichnam von Herr Dimmer gewaschen und gekämmt. Er bekommt die feinen Sachen angezogen. Er sieht aus, als würde er schlafen. Der Verstorbene wird in einen Kühlraum gebracht, um den Verwesungsprozess – der gleich nach dem Tod einsetzt – zu verlangsamen.
Gegen elf Uhr kommt Frau Dimmer mit ihrer Tochter zu den Faßbenders. Jetzt findet das »Trauergespräch« statt. Da müssen die Angehörigen mit dem Bestatter eine Reihe von Fragen besprechen, die mit der Beerdigung und dem Grab zusammenhängen.
Herr Faßbender erklärt, welche verschiedenen Möglichkeiten es gibt: »Erdbestattung« bedeutet, dass der Tote in einem Sarg in die Erde gelegt wird. »Feuerbestattung« heißt: Der Leichnam wird verbrannt. Doch auch dafür muss der Tote in einem Sarg liegen. Die Asche, die nach der Verbrennung übrig bleibt, kommt in ein Gefäß, das man »Urne« nennt. Diese wird dann in eine »Überurne« (oder Schmuckurne) getan und beerdigt. Man kann sie aber auch im Meer versenken lassen, das ist dann eine »Seebestattung«. Möglich ist auch eine »anonyme« Beerdigung; das ist ein Urnengrab ohne Namensnennung auf einer besonderen Rasenfläche des Friedhofs.

Frau Dimmer überlegt kurz mit ihrer Tochter und entscheidet sich für eine Erdbestattung. Dann ist die nächste Frage zu klären: Soll Herr Dimmer ein »Reihengrab« oder ein »Wahlgrab« bekommen? In einem Reihengrab kann nur *ein* Verstorbener bestattet werden. In einem Wahlgrab kann man auch einen weiteren Verstorbenen beerdigen. Natürlich ist das Wahlgrab teurer als das Reihengrab. Frau Dimmer nimmt das Wahlgrab: »Wer weiß, wann ich dran bin«, sagt sie.

Jetzt muss der Sarg ausgesucht werden. Herr Faßbender führt Frau Dimmer und ihre Tochter in einen Aus-

stellungsraum. Da stehen viele Särge in verschiedenen Preisklassen. »Mein Mann mochte helles Holz«, sagt Frau Dimmer und muss wieder weinen: »Wissen Sie, er hat die Schrankwand in unserem Wohnzimmer selbst gebaut!« Und so wählt sie einen hellen Kiefernsarg.

Zurück im Büro bietet Frau Faßbender Kekse an. Aber Frau Dimmer hat gar keinen Appetit. Sie trinkt nur eine Tasse Tee. So viele Sachen sind noch zu erledigen. Herr Faßbender hat eine Liste vor sich liegen und geht in Ruhe Punkt für Punkt durch:

Wer soll Herrn Dimmer beerdigen? Ein Pfarrer oder ein Redner? – Die Dimmers sind evangelisch. Frau Dimmer möchte, dass der Pfarrer einen Gottesdienst hält. – Und der gewünschte Termin für die Beerdigung? Die Tochter von Frau Dimmer meint, Freitag wäre gut, dann könnte auch die Verwandtschaft kommen, die weiter weg wohnt.

Frau Faßbender klärt also telefonisch mit dem Pfarrer und der Friedhofsverwaltung ab, ob der Termin möglich ist. Am Freitag ist um 9.30 Uhr schon eine andere Beerdigung auf dem Friedhof, aber um 11 Uhr ginge es. Der Pfarrer kann auch kommen, also wird festgesetzt: Trauerfeier für Herrn Roland Dimmer am Freitag um 11 Uhr, anschließend Beerdigung.

Sollen Karten gedruckt werden, sogenannte »Traueranzeigen«, die man verschicken kann? Frau Dimmer bestellt 30 Stück. In der Zeitung soll auch eine Anzeige erscheinen. Und was soll darin stehen? Herr Faßbender hält ein Buch mit Formulierungsvorschlägen bereit.

Soll das Bestattungsunternehmen Blumen bestellen? Einen Kranz oder ein Gesteck? Frau Dimmer möchte etwas mit gelben Rosen. Was soll auf der Schleife am Blumenschmuck stehen? Frau Dimmer schluchzt, dann spricht sie leise: »In Liebe und Dankbarkeit – Deine Ilse«.

Ist nach der Beerdigung ein Kaffeetrinken gewünscht? In manchen Gegenden Deutschlands nennt man ein solches Zusammensein »Leichen-

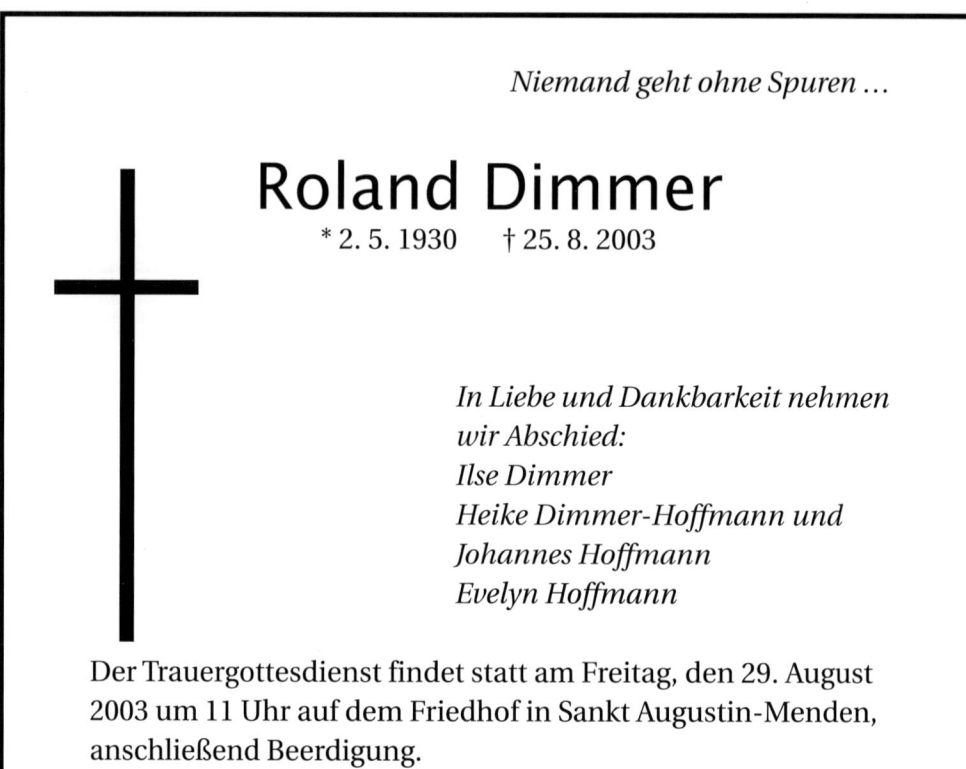

Niemand geht ohne Spuren …

Roland Dimmer
* 2. 5. 1930   † 25. 8. 2003

In Liebe und Dankbarkeit nehmen wir Abschied:
Ilse Dimmer
Heike Dimmer-Hoffmann und
Johannes Hoffmann
Evelyn Hoffmann

Der Trauergottesdienst findet statt am Freitag, den 29. August 2003 um 11 Uhr auf dem Friedhof in Sankt Augustin-Menden, anschließend Beerdigung.

Eine Todesanzeige in der Zeitung soll andere darüber informieren, wer gestorben ist. Sie kann auch anzeigen, wann und wo die Trauerfeier stattfindet.

schmaus«, in anderen »Trösterwein«, »Trauerimbiss« oder »Reuessen«. Frau Dimmers Tochter möchte das nicht, aber Frau Dimmer bestimmt: »Das wird gemacht. Papa hätte gewollt, dass wir nachher zusammen sitzen und an ihn denken.« Also wird Herr Faßbender in einer Gaststätte für etwa 30 Personen Kaffee, Kuchen und belegte Brötchen bestellen.

Schließlich müssen noch einige Formulare ausgefüllt werden. Da geht es um die Sterbeurkunde, Versicherungen, die Rente und vieles mehr. Das übernehmen die Faßbenders, wenn man ihnen den Auftrag dazu erteilt.

Nachdem Frau Dimmer und ihre Tochter nach Hause gegangen sind, betten Herr Faßbender und seine Mitarbeiter den Toten in den ausgesuchten Sarg. Wenn Frau Dimmer möchte, kann sie noch einmal kommen und ihren Mann in der hauseigenen Kapelle ansehen. Erst kurz vor der Trauerfeier am Freitag wird der Sarg fest mit Schrauben verschlossen.

Im Laufe der nächsten Tage erledigen die Faßbenders alle Aufträge und sorgen dafür, dass die Trauerfeier am Freitag auf dem Friedhof reibungslos ablaufen wird. Die Urkunden werden ausgestellt, die Traueranzeigen gedruckt und das Grab wird ausgehoben.

Rechtzeitig bringen die Faßbenders den Sarg in die Kapelle auf dem Friedhof. Sie ordnen die Blumen an, die ein Florist bringt. Sie entzünden Kerzen und machen ein Erinnerungsfoto für Frau Dimmer. Ein Organist ist bestellt, der auf einem Harmonium spielen wird. Außerdem kommen sechs ältere Herren, die regelmäßig für die Faßbenders arbeiten: die Sargträger, die den Sarg auf einem Wagen von der Kapelle zum Grab fahren und dort in die Erde ablassen.

Bei der Trauerfeier ist Herr Faßbender dabei. Er nimmt Briefe für Frau Dimmer entgegen und hat dafür gesorgt, dass am Grab eine Schaufel Sand bereitliegt: Der Pfarrer wirft am Ende der Beerdigung den Sand auf den Sarg, als Zeichen dafür, dass das Grab geschlossen wird.

Wenn alles vorbei ist, überzeugt sich Herr Faßbender, dass das Grab von den Friedhofsmitarbeitern richtig zugeschaufelt wird und die Kränze und Gestecke darauf gelegt werden. Ein Holzkreuz zeigt an, wer hier bestattet wurde: Roland Dimmer. Ein Grabstein wird erst später gesetzt, weil dieser erst hergestellt werden muss.

Die Arbeit ist für die Faßbenders getan. Alles ist gut gegangen. Frau Dimmer ist mit der Beerdigung zufrieden. Die Witwe muss nun lernen, ohne ihren Mann zu leben. Für Faßbenders geht das Geschäft weiter: Rund 140 Tote bestatten sie im Jahr. Doch kein Fall ist wie ein anderer.

Die Faßbenders verdienen ihr Geld mit dem Tod. Doch wie froh sind die Angehörigen von Verstorbenen, dass sich Leute wie sie beruflich um die vielen Dinge kümmern, die zu tun sind, wenn jemand gestorben ist. Die Hinterbliebenen selbst wären oft damit überfordert.

Obwohl die Faßbenders so oft mit Toten zu tun haben, sind sie lebensfrohe Menschen. Obwohl – oder weil sie dem Tod so oft ins Auge sehen ...?

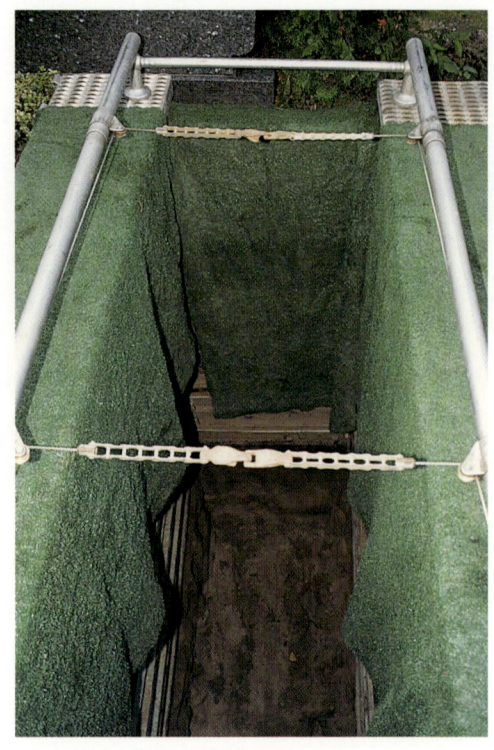

Interview mit Sarah

GEORG SCHWIKART: *Stellst du dich bitte kurz vor?*

SARAH: Ich heiße Sarah und bin neun Jahre alt. Ich werde bald zehn und ich wohne in Sankt Augustin.

GEORG SCHWIKART: *Sarah, deine Eltern betreiben ein Bestattungsinstitut. Was meinst du: Unterscheidet sich dieser Beruf von anderen Berufen?*

SARAH: Eigentlich nicht. Nur, dass meine Eltern andere Arbeitszeiten haben. Manchmal müssen die nachts raus. Oder abends ganz lange arbeiten und am Wochenende. Die haben manchmal nur wenig Zeit für die Kinder.

GEORG SCHWIKART: *Und was bekommst du von ihrer Arbeit mit?*

SARAH: Manchmal helfe ich im Büro Briefe und Trauerkarten in Umschläge zu stecken. Und manchmal erzählen meine Eltern beim Essen etwas über die Arbeit. Letzte Woche zum Beispiel: Da ist ein Baby gestorben, das war nur zwei Tage alt.

GEORG SCHWIKART: *Hast du schon einmal einen Toten gesehen?*

SARAH: Ja, die sind so eklig weiß und so still. Und die bewegen sich kein Stück.

GEORG SCHWIKART: *Wissen deine Mitschüler eigentlich, was für ein*

Geschäft ihr habt? Und machen die irgendwelche Bemerkungen?

SARAH: Die sagen nichts. Wenn meine Freundin kommt, dann gehen wir vor die kleine Kapelle, die wir haben und spielen ein bisschen. Aber nur, wenn gerade kein Toter in der Kapelle ist.

GEORG SCHWIKART: *Jetzt möchte ich noch ein Foto von dir machen.*

SARAH: Ja, auf meinem Lieblingssarg, so 'n glatter; der steht neben dem grünen …

47

Katakomben und Pyramiden

Wenn bei uns jemand gestorben ist, kommt seine Leiche oder die Urne mit seiner Asche auf den Friedhof. – Aber das war nicht immer und überall so. Es gibt auch andere Arten von Begräbnisstätten. Ganz besondere

Mausoleen auf einem Friedhof in Portugal

Gräber lassen sich in Rom und Ägypten finden: Die einen unter der Erde, die anderen über ihr. Die einen für arme Leute, die anderen für Könige!

Katakomben

In Rom gibt es eine alte Straße, die schon vor 2400 Jahren angelegt wurde: die Via Appia. An der von Pinien und Zypressen gesäumten Via Appia liegen zahlreiche Gräber. Im alten Rom herrschte nämlich das Verbot, Tote innerhalb der Stadtmauern zu

bestatten. Also wich man auf das Gelände neben jenen Straßen aus, die aus der Stadt heraus führten. Bereits vor 2000 Jahren zählte Rom rund eine Million Einwohner. Entsprechend groß waren diese Gebiete, in denen die Toten untergebracht wurden.

Reiche Leute ließen sich aufwändig verzierte Grabmale aus Marmor errichten. Eine solche überirdische Bestattung war jedoch teuer. Wer das Geld dafür nicht hatte, musste seine Toten in einer Katakombe bestatten. Die Katakomben sind unterirdische Anlagen mit Grabkammern, die in den weichen Tuffstein gehauen sind. Bis zu sieben Fächer liegen übereinander, wie bei einem Regal.

Arme Römer wählten die billigere Methode der Einäscherung und bestatteten nur eine Urne. Juden und Christen verbrannten aber ihre Toten nicht, sondern legten sie in Tücher gehüllt in diese Grabkammern. Die Kammern verschloss man dann mit Ziegelplatten. Etwa 60 Katakomben hat es im alten Rom gegeben. Man schätzt, dass die unterirdischen Wege insgesamt 700 Kilometer ausmachen, von denen die meisten noch unerforscht sind.

Zur Zeit der Christenverfolgung versammelten sich die Christen in den Katakomben, zum Gebet und zum Gedenken am Todestag eines Verstorbenen. Dass die Katakomben den Christen als Verstecke gedient haben sollen, gilt heute als ziemlich unwahrscheinlich: Sie waren ja öffentlich zugängliche Orte, und außerdem kaum dazu geeignet, längere Zeit dort zu leben.

Pyramiden

Der Glaube an ein Jenseits war den alten Ägyptern sehr wichtig. Man glaubte an ein Gericht, das über die Toten gehalten wird, und an eine Hölle als Strafe. Das Grab galt als Zugang zur Unterwelt und wurde für das Leben im Jenseits mit Möbeln und anderen Gegenständen ausgestattet.

Durch Einbalsamierung und Präparierung kann eine Leiche vor der Verwesung geschützt werden. Das macht man bei manchen besonders bedeutenden Personen auch heute noch. Im alten Ägypten wurden die Leichen der wohlhabenden Leute »mumifiziert«, das heißt, »zu Mumien gemacht«. Das arabische Wort »mumija« bedeutet »Erdharz«. Harze waren ein Mittel zur Konservierung. Nach dem Konservieren wurde die Mumie mit Tüchern und Binden umwickelt und mit Amuletten und Schmuck ausgestattet. Dann legte

man sie in einen Sarg, den man in ein reich verziertes Gehäuse stellte, den »Sarkophag«.

Der Pharao, der König der alten Ägypter, wurde als Sohn der Sonne, als Gott und Mensch zugleich, verehrt. Man glaubte, dass er nach seinem Tod in den Himmel auffuhr und eins mit dem Sonnengott wurde. Etwa in der Mitte des 3. Jahrtausends vor unserer Zeitrechnung bestattete man die Könige in Pyramiden.

Zwar sind in alter Zeit auch in Babylon, Amerika und Indien Pyramiden errichtet worden, doch die Ägypter beherrschten diese Baukunst vollkommen. Der moderne Mensch mag bombastische Gebäude gewöhnt sein, aber keines kann so beeindrucken wie die Pyramiden! Die berühmtesten sind in der Nähe von Kairo zu bestaunen. Sie galten in der Antike als eines der Sieben Weltwunder.

Seit ihrem Bau im 3. vorchristlichen Jahrtausend hat man sie fasziniert betrachtet und sich gefragt, wie die Ägypter das geschafft haben. Wie konnten sie die enormen Steinblöcke aus hartem Granit oder weichem Kalkstein übereinander schichten? Ihr Gewicht beträgt durchschnittlich 2,5 Tonnen, einige werden aber auf 200 Tonnen geschätzt! Und wer hat diese unglaubliche Arbeit vollbracht? Wurden die Arbeiter dazu gezwungen, beschäftigte man Sklaven? Oder arbeiteten Bauern, die während des Nilhochwassers nicht auf ihre Felder gehen konnten, gegen Bezahlung an den Pyramiden, oder deswegen, weil sie sich davon einen Anteil an der Unsterblichkeit des Pharaos versprachen? Man weiß es nicht genau. Bei einer geschätzten Bauzeit von 20 bis 30 Jahren müssten fast 300 000 Leute im Einsatz gewesen sein …

Man weiß auch nicht genau, welchem Zweck diese Pyramiden eigentlich dienten. Waren sie wirklich nur Grabmale? Sicher haben sie etwas mit den Toten zu tun, denn sie enthalten Grabkammern. Aber in keiner fand man eine Mumie. Wofür legte man all die Gänge und Säle an? Nur zur Lagerung von Gegenständen für den verstorbenen Pharao?

Eine davon, die Pyramide des Pharao Cheops, ist das größte je von Menschen errichtete Bauwerk – man könnte problemlos den Petersdom aus Rom hineinstellen, und er würde nirgends anstoßen. Die Ecken der Cheopspyramide sind exakt nach den vier Himmelsrichtungen ausge-

richtet, und ihr Schatten zeigt genau den längsten und kürzesten Tag des Jahres an, außerdem Tag- und Nachtgleiche.

Callixtus-Katakombe. Die ältesten Teile stammen aus dem 2. Jh.

Abschied nehmen

Jeder trauert anders

Die vier Phasen der Trauer

Da ist ein Mensch gestorben, den man lieb hatte. Nun heißt es Abschied nehmen. Trauer ist wie ein langer Weg, der über viele Stufen führt. Man spricht auch von verschiedenen Schritten oder »Phasen« (Zeitabschnitten) auf diesem Weg. Trauer tut weh. Aber dieser Schmerz muss nicht krank machen, er kann heilen.

In einer ersten Phase will man vielleicht den Tod gar nicht wahrhaben. Man fühlt sich wie betäubt. Man denkt, alles wäre nur ein »böser Traum«, und kann nicht glauben, dass der Mensch wirklich tot ist. Der Tod bedeutet Verlust. Dieser Verlust wird geleugnet. Der Trauernde steht unter Schock.

Hier ist es wichtig, den Trauernden von Tod und Sterben erzählen zu lassen, wenn er möchte. Dem »Tod ins Auge zu sehen«, kann hilfreich sein: den Toten noch einmal anschauen, an der Beerdigung teilnehmen, das Grab besuchen. Der Tod ist Wirklichkeit!

Dann aber brechen die Gefühle auf. *In der zweiten Phase* ringen sie miteinander: Vielleicht ist der Trauernde zornig auf den Verstorbenen, weil der ihn verlassen hat. Und dann schämt er sich dafür. Oder er fühlt sich schuldig an dessen Tod.

Wer so trauert, dem sollte man das Gefühl geben: »Du darfst sein, wie du bist! Lass deine Gefühle heraus!« Im Gespräch kann man helfen, die Gefühle in Worte zu fassen. Und vielleicht stellt sich dabei heraus, dass manche Gefühle nicht sein müssen: Der Tote ist nicht gestorben, um den Hinterbliebenen Schmerz zuzufügen. Und das Kind ist nicht verantwortlich für den Tod eines anderen Familienangehörigen. – Der Schmerz der Trauer tut sehr weh, aber er muss ausgehalten werden.

»Suchen« ist das Thema *in der dritten Phase:* Der Trauernde sucht in seinem Leben nach Spuren, die der Tote hinterlassen hat. Der Verstorbene taucht in den Träumen des Trauernden auf. An Orten, wo man mit dem Toten gemeinsam Schönes erlebte, denkt man an ihn – und meint, man könne an nichts anderes mehr denken.

Es ist in Ordnung, wenn der Trauernde viel vom Verstorbenen spricht. Er fragt sich, was ihm vom Verstorbenen geblieben ist. Er steht vor der Aufgabe, sich in seiner Umwelt neu einzupassen – in einer Umwelt ohne den Verstorbenen.

Wenn der Weg der Trauer heilend verläuft, dann kann der Trauernde *in der vierten Phase* mit dem Verlust des geliebten Menschen leben. Im Trauernden ist neues Selbstvertrauen gewachsen. Er kann neue Beziehungen eingehen, ohne dass der Verstorbene seine Bedeutung verliert.

Dieser Weg braucht Zeit. Und es kann sein, dass ein Trauernder »rückfällig« wird: Monate nach dem Tod bricht er wieder in Tränen aus, als sei alles eben erst passiert. Doch auch das ist normal und gar nicht schlimm. Irgendwann muss der Trauernde nicht mehr trauern: Er ist wieder ganz im Leben angekommen. Und der geliebte Mensch, der tot ist, lebt in seinem Herzen weiter.

Die Trauer ist ein langer Weg

Die Trauer ist ein langer Weg.
Lasse dich nicht unter Druck setzen,
auch nicht von dir selbst.
Abschiednehmen braucht Zeit.
Die Trauer ist ein langer Weg.
Er kennt keine Abkürzung.

Pepsi und das Sonntagskind

Florian lag ganz still auf dem Behandlungstisch. Er starrte an die Decke. Professor Möller saß bei ihm und beobachtete auf dem Monitor des Messgeräts eine grüne Linie, die jedes Mal, wenn das Gerät »bip« machte, einen Zacken bildete. Florians Mutter stand neben dem Fenster. Florian war herzkrank. Nicht erst neuerdings, sondern schon vom ersten Tag seines Lebens an. Vor mehr als neun Jahren war er an einem Sonntag im September zur Welt gekommen, ein Sonntagskind also. »Ein Junge!«, hatten sich damals alle gefreut. Seinem Vater, der bei der Geburt dabei gewesen war, waren dicke Tränen über die Wangen gelaufen, so groß war die Aufregung gewesen. Seiner Mutter hatte man das neugeborene Baby auf den Bauch gelegt, damit sie es küssen und herzen konnte. Sie war glücklich gewesen wie nie zuvor in ihrem Leben und sagte: »Willkommen, Florian!«
Nach ein paar Minuten hatte der Arzt gesagt, man müsse das Kind untersuchen. Der Vater hatte zwar noch gelacht: »Es ist doch alles dran: zwei Arme, zwei Beine und ein Kopf!« Aber dann waren Atmungsschwierigkeiten bei dem Jungen festgestellt worden:

Sie kamen von einer Herzkrankheit, mit der er geboren war.
Deshalb war Florian schon an seinem ersten Tag auf der Erde von Spezialisten in der Kinderklinik operiert worden. Und seither noch weitere drei Male: mit sechs Wochen, im Alter von einem halben Jahr und kurz nach seinem sechsten Geburtstag. Jedes Mal hatten sich die Eltern getröstet: »Alles wird gut.« Viele Monate seines Lebens hatte Florian nicht zu Hause in seinem Kinderzimmer verbracht, sondern im Krankenhaus. Und nun war er wieder dort.

Professor Möller nagte an seiner Unterlippe und nickte langsam.
Florian wandte sich ihm zu. Sein Gesicht war eine einzige Frage. Florians Mutter kam zu ihm und nahm seine Hand.
Professor Möller seufzte: »Es tut mir so Leid! Aber …«
»Also doch. Wieder eine Operation?«, fragte die Mutter.
Der Arzt nickte. Immer noch schlage das Herz nicht so, wie es solle. Die Untersuchungsergebnisse gäben Anlass zur Sorge. Ohne Operation bestehe keine Aussicht mehr auf eine Besserung.

Nun ist eine Operation am Herzen etwas anderes als eine Blinddarm-Entfernung oder die Behandlung eines gebrochenen Beines. Erkrankungen und Eingriffe am Herzen sind immer gefährlich. Florian und seine Eltern wussten das längst.

»Dann bringen wir es hinter uns«, sagte der Junge. Er versuchte zu grinsen.

»Einen so tapferen Burschen wie dich habe ich nicht oft erlebt«, lobte der Arzt.

Florian meinte, es müsse aber möglichst flott gehen, denn er wolle unbedingt über Pfingsten seine Patentante Moni in Mömbris besuchen gehen. Das sei fest abgemacht, seit vielen Wochen schon. Die Tante habe nämlich einen Hund: Pepsi, einen Foxterrier. Das sei ein so drolliges Kerlchen; mit ihm zu spielen mache so viel Freude wie sonst nichts auf der Welt.

Jetzt war es kurz vor Ostern; Professor Möller blätterte im Terminkalender und wiegte den Kopf.

»Du weißt doch, Florian, das braucht seine Zeit. Du musst dich danach von dem Eingriff erholen.«

Florian sah ihn flehentlich an.

»Na ja, wir wollen mal kucken. Wenn du brav mitmachst, wirst du es bald überstanden haben.«

Zu Hause weinte Florian dann doch. Er befürchtete, seine Reise zur Tante

nicht machen zu können. Außerdem fand er es dermaßen doof, wieder ein paar Wochen in der Schule fehlen zu müssen. Er konnte doch so oft nicht am Unterricht teilnehmen, weil er sich schwach und krank fühlte. Die Kinder in der Klasse behandelten ihn zwar freundlich, doch irgendwie kam er sich dort immer nur wie ein Gast vor. Und dieses vorsichtige Getue seiner Lehrerin war bestimmt nett gemeint, aber es ging ihm auf die Nerven. Manchmal benahm er sich extra frech, um von ihr ausgeschimpft zu werden. Doch die Lehrerin holte dann nur tief Luft und sagte nichts. Niemand lachte ihn aus, wenn er im Sport nicht die Leistungen bringen konnte, die andere schafften. So fühlte Florian sich nicht für voll genommen.

Für Florian war es ohnehin schwierig, Freundschaften zu schließen. Die anderen Jungen in seinem Alter spielten Fußball oder rauften gern. Da konnte Florian nicht mitmachen; es strengte ihn zu sehr an. Außerdem hatte er nachmittags oft Termine für Untersuchungen und Behandlungen. Florian las gern und beobachtete abends im Dunkeln mit einem Fernrohr die Sterne. Im vergangenen Sommer hatte er einmal spätabends im Garten gesessen und den Himmel beobachtet, als plötzlich ein kleiner, dicker Junge neben ihm stand und auch den Kopf in den Nacken legte. Er fragte Florian, ob er denn mal Kosmonaut werden wolle, weil er immer so in den Weltraum hinaufschaue. Das war Boris, ein Junge aus der Nachbarschaft. Die beiden freundeten sich an, und von da an kam Boris öfter mal vorbei. Seine Hosentaschen quollen immer über vor Schätzen: ein Taschenmesser, Kaugummis, ein türkisfarbener Glücksstein, gebrauchte Taschentücher, Schrauben und Blitzventile, ein Feuerzeug, ein Sheriffstern, Schlüssel, Batterien, ein Schiffchen aus Messing, Zitronendrops … Wenn Boris ihn besuchte, hatte Florian oft etwas zu lachen. Boris aß alles, was man ihm anbot, und beteuerte dann schmatzend,

sein Großvater würde ihm raten, alles aufzuheben und nichts umkommen zu lassen, man wisse nie, wann man es mal brauchen könne. »Hier ist ein Löffel, der hat auf der Straße gelegen. Wenn ich mal einen Schatz ausgraben muss, dann bin froh über diesen Löffel!«, sagte Boris voll Überzeugung. »Ich wünsche mir, mal einen Schatz zu finden. Und du?«

»Ich wünsche mir am allermeisten einen Hund!«, bekannte Florian.

Boris erzählte, in dem Dorf in Kasachstan, wo er geboren sei, hätte es bestimmt mehr Hunde als Menschen gegeben.

»Hast du dort einen eigenen Hund gehabt?«, fragte Florian.

Boris schüttelte den Kopf. »Wozu denn?« Die meisten Hunde im Dorf hätten gar niemandem gehört, sie seien herumgestrolcht und hätten Abfälle gefressen. Mit dem einen oder anderen dieser Streuner hätten die Jungens dort auch gespielt. Das Futter für einen Hund hätten sich seine Eltern nicht leisten können.

»Ich hätte so gerne einen Hund, einen eigenen Hund«, wiederholte Florian.

»Mama und Papa«, flüsterte Florian am Abend des Tages, an dem festgestellt worden war, dass er wieder operiert werden musste. Seine Eltern saßen an seinem Bett.

»Alles wird gut!«, sagte sein Vater. »Weißt du, wenn du das hinter dir hast, dann ist es vielleicht ein für allemal überstanden, und du kannst für den Rest deines Lebens gesund sein.«

»Kann ich dann auch einen Hund bekommen?«, fragte Florian rasch.

Die Mutter seufzte. Schon wieder, sollte das heißen. Aber an diesem Abend brachten es die Eltern nicht fertig, wieder zu sagen: »Du weißt doch, das kommt nicht in Frage, wir haben dir doch schon so oft erklärt, warum.« Also meinten sie nur, darüber müsse man mal in Ruhe reden.

Was das zu bedeuten hatte, wusste Florian längst. Man hatte ihm schon so oft sämtliche Gründe aufgezählt, warum ein Hund nicht in Frage komme. Wer sollte ihn versorgen, mit ihm Gassi gehen, ihn beaufsichtigen? Florian sei zu schwach, um mit einem Hund herumzutoben. Und die Familie sei doch so oft unterwegs – bei Ärzten, in Kliniken, zu Untersuchungen, zu Behandlungen … Aber wenn er gesund würde, dann würde das alles doch nicht mehr so sein? Könnte er denn dann nicht endlich einen Hund bekommen?

Florian merkte, dass er seine Eltern mit seinem Wunsch in Verlegenheit gebracht hatte. Er drehte sich zur Wand und wisperte ganz leise: »Ich wünsche mir doch so sehr einen Hund.«

Zehn Tage nach der Untersuchung fand die Operation statt. Schon zwei Tage zuvor wurde Florian in die Klinik gebracht. Am Operationstag selbst gab es kein Frühstück. Florian kannte das alles längst von seinen früheren Operationen.

Dass man bei einer Operation am Herzen auch sterben kann, das machte ihm keine Angst. »Eine Brücke kann einstürzen, wenn man gerade drübergeht, aber das kommt selten vor«, tröstete er sich selbst. Was ihm Beklommenheit verursachte, war die lange Zeit nach der Operation, die er in der Klinik verbringen sollte. Bis man nach so einer Herzoperation wieder auf den Beinen ist und einigermaßen normal leben kann, das dauert Wochen. Besonders öde sind die ersten Tage danach, auf der Intensivstation.

Auf die Intensivstation kommt man, solange von den Ärzten und Schwestern genau, eben »intensiv«, überwacht werden muss, wie es einem geht. Dazu ist diese Station mit vielen Geräten ausgestattet. Auf die Brust bekommt man ein Kabel geklebt, das den Herzschlag zu einem Apparat leitet, der ihn misst und Alarm gibt, wenn etwas nicht stimmt. Manchmal wird man auch an eine Maschine angeschlossen, die einen beatmet oder die Atmung kontrolliert. Wegen all der Apparate, Kabel und Schläuche kann man aus dem Bett nicht aufstehen und sich fast gar nicht bewegen. Statt etwas zu essen und zu trinken bekommt man Infusionen durch einen Schlauch in den Arm, Pipi macht man durch einen anderen Schlauch, und gewaschen wird man von einem Pfleger oder einer Pflegerin. Besucher müssen sich grüne Kittel anziehen und die Hände desinfizieren; es dürfen immer nur zwei gleichzeitig da sein und in der Regel nicht länger als eine halbe Stunde bleiben.

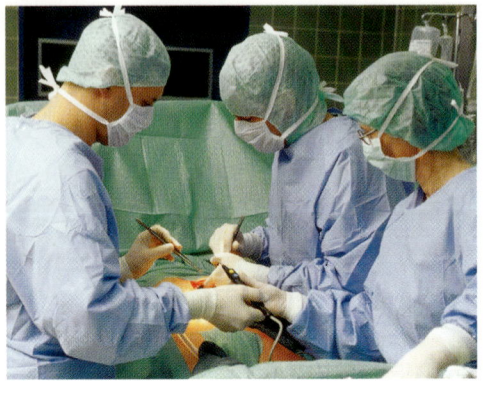

Die Operation verlief zufriedenstellend. In der ersten Zeit danach sah Florian außer dem Klinikpersonal nur seine Eltern, dann besuchten ihn auch seine Großeltern, und nach fast vier Wochen durfte Boris mal kommen.

Die Atmosphäre im Krankenhaus verunsicherte Boris: die weißen Wände, der Geruch von Desinfektionsmittel, das künstliche Licht auf den langen Fluren. Er zog den Kopf ein und vergrub die Hände in den ohnehin schon vollen Hosentaschen. An Florians Bett wusste er kaum etwas zu sagen, außer »Hallo«.

Florian freute sich über den Besuch seines Freundes.

»Ich hab dir was mitgebracht«, strahlte Boris plötzlich, und kramte dann in den Hosentaschen, schien aber nicht zu finden, was er suchte.

»Pack doch aus«, sagte Florian. Dann packte Boris aus: zwei Würfel, Lakritzschnecken, an denen Fusseln klebten, eine Wäscheklammer, einen silbernen Manschettenknopf, Einmachgummis, eine gebrauchte Telefonkarte, Büroklammern – und siehe da: einen Flummi in den Farben eines Basketballs. Florian fand das Klasse, seine Mutter lächelte staunend. Und als sie mal kurz aus dem Zimmer ging, schleuderte Florian den Flummi weg, dass er nur so durchs Zimmer hüpfte. Das machte Spaß.

Florian erholte sich jeden Tag ein bisschen mehr, aber er war noch sehr schwach. Darum gestattete Professor Möller seinem jungen Patienten nur unter großen Bedenken, am Samstag vor Pfingsten für 48 Stunden die Klinik zu verlassen. Jeden Tag hatte Florian gebettelt, und schließlich Erfolg gehabt. Bis Montagabend durfte Florian zu seiner Patentante Moni nach Mömbris. Wie genoss der Junge jeden

Augenblick, spielte auf dem Rasen mit Pepsi, dem Hund, immer von der Tante und seinen Eltern ermahnt, er solle sich auf keinen Fall anstrengen. Bei dem schönen Wetter fühlte Florian neue Lebenskraft. Er war zuversichtlich, dass er nun gesund werden würde, richtig für immer gesund.

Doch etwa drei Wochen später gab es einen Rückschlag. Anfang Juli verschlechterte sich Florians Zustand wieder. Über den Flur des Krankenhauses zu gehen, fiel ihm auf einmal wieder sehr schwer, und schon am Nachmittag schlief er vor Erschöpfung ein.
Seine Mutter schluchzte manchmal an seinem Bett vor Traurigkeit. Ihre Nerven waren überstrapaziert, sie konnte sich nicht mehr beherrschen. Dann musste Florian ihr Mut machen: »Mama, das wird schon wieder, bestimmt!«
Aber der Junge erholte sich nicht richtig; eine Infektion der Lunge verursachte hohes Fieber. Er musste wieder auf der Intensivstation liegen und dort mit einer Maschine künstlich beatmet werden. Damit konnte Florian nicht sprechen und musste alles, was er sagen wollte, auf Zettelchen schreiben.
Zwar war seine Lage nun wirklich überhaupt nicht schön, doch Florian verlor seine gute Laune nicht. Wegen der Beatmung konnte er nicht lachen, er bekam stattdessen nur oft einen schmerzhaften Hustenanfall. Trotzdem musste ihm sein Lieblingsarzt Professor Möller jeden Tag einen neuen Witz erzählen. Den schrieb er dann auf und ließ ihn am Nachmittag seine Eltern lesen, und wenn sie dann lachen mussten, strahlte er.

Im September stand Florians zehnter Geburtstag vor der Tür. Seine Eltern fragten ihn, was sie da machen sollten. Die geschriebene Antwort lautete: »Tut einfach so, als wäre ich gar nicht krank.«
Und so kamen dann an seinem Geburtstag aufgrund einer Extra-Erlaubnis die Eltern an sein Krankenbett, beide Omas und der Opa, Tante Moni und Boris. Sie hatten eine Torte mitgebracht, eine schwedische Mandeltorte, wie Florian sie immer gern gegessen hatte. Darauf brannten zehn Kerzen. Alle sangen ein Ständchen, das Lied »Wie schön, dass du geboren bist, wir hätten dich sonst sehr vermisst«. Geschenke packten sie aus: ein Gameboy-Spiel, Comics und einen Kassettenrekorder mit Kopfhörer. Auch Boris brachte etwas mit: Chinakracher, die in ein Papiertaschentuch eingewickelt waren. Florian musste sich die Hand auf die Brust drücken, weil er doch nicht lachen konnte.

»Da müssen wir wohl noch etwas warten, bis wir die knallen lassen!«, meinte Boris.

Die größte Überraschung aber kam von Tante Moni. Sie holte aus ihrer Handtasche ein Polaroidfoto von Pepsi und stellte es auf das fahrbare Nachtschränkchen neben Florians Bett.

»Wenn du wieder zu Hause bist, kommt Pepsi zu dir«, sagte sie strahlend, und dann fügte sie feierlich hinzu, »für immer!«

Florian schloss die Augen. Vor Freude kamen ihm die Tränen, und bis auf Boris heulten alle mit. Boris pustete die Kerzen aus, dann wurde die Torte angeschnitten. Florian bekam nur eine frische Infusion angehängt, normal essen konnte er ja nicht. Der Vater packte ein neues Witzbuch aus und las vor; es wurde viel gelacht. Auch Professor Möller stand dabei. Er verkündete eine gute Nachricht: Er sei optimistisch, dass Florian nächste Woche auf ein normales Krankenzimmer verlegt werden könne, raus aus der Intensivstation, ohne künstliche Beatmung und piepsende Messgeräte. Sein Zustand habe sich stabilisiert und Weihnachten würde der Junge daheim feiern können – mit Pepsi.

Professor Möller wackelte zum Spaß mit dem Zeigefinger: »Pass auf, dass der Hund dann nicht denkt, der Tannenbaum sei für ihn aufgestellt worden!«

Nach einer Stunde wurde Florian müde. Alle verabschiedeten sich, Florian dankte ihnen mit leuchtenden Augen. Zuletzt traten seine Eltern ans Bett. Florian zeigte auf den Block. Der Vater reichte ihn seinem Sohn, und der schrieb: »Das war mein schönster Geburtstag!«

Da weinte Florians Mutter wieder, obwohl sie gar nicht wollte. Und dann erzählte sie, wie das gewesen war, vor zehn Jahren, als sie am Sonntagnachmittag beim Kaffeetrinken plötzlich spürte: »Jetzt müssen wir aber los!«

»Du wolltest raus! Du wollest rein ins Leben, du Sonntagskind!«, meinte sie lächelnd und streichelte ihrem Sohn übers Haar.

All die Aufregungen und Sorgen der letzten Jahre, das sei schon manchmal hart gewesen. Aber zeigte nicht dieser schöne Geburtstag, dass das Leben doch siegt? Florian fielen die Augen zu. Er sah ganz glücklich aus.

Die Eltern saßen am Abend mit Tante Moni zu Hause. Pepsi lag zwischen ihren Füßen auf dem Teppich. Der Vater schlug vor, jetzt ein Glas Sekt zu trinken – zehn Jahre zuvor, als Florian auf die Welt gekommen sei, sei ja keine Gelegenheit dazu gewesen, wegen all der Aufregungen. Die drei stießen an. Das Telefon läutete.

Es war die Kinderklinik. Man müsse eine traurige Mitteilung machen. Florians Herz habe aufgehört zu schlagen. Alle Versuche, ihn ins Leben zurück zu holen, seien gescheitert. Der Tod wäre plötzlich eingetreten, ohne Vorwarnung. Die Ärzte stünden vor einem Rätsel.

Die Eltern umarmten einander. Keiner sagte ein Wort. Pepsi kniff den Schwanz ein.

Sie hatten ihr Kind verloren, ein körperlich schwaches Kind, das so sehr auf die Hilfe anderer Menschen angewiesen war, das zuletzt nicht einmal mehr sprechen konnte, und doch allen etwas zu sagen hatte: Genieße jeden Augenblick. Sieh nicht auf das, was dir fehlt, sondern freue dich über das, was du kannst und hast. Das Leben ist schön!

Zehn Rechte für Kinder,
die um einen Menschen trauern

1. Du hast das Recht, traurig zu sein.
Trauer ist ein ganz normales Gefühl.

2. Du hast das Recht, dich nicht schuldig zu fühlen.
Du hast keine Schuld am Tod des Menschen, um den du trauerst!

3. Du hast das Recht, zu weinen.
Weine, wenn dir danach ist! Dafür muss sich niemand schämen.

4. Du hast das Recht, zornig zu sein.
Vielleicht bist du zornig – auch das ist in Ordnung. Schreie deine Wut heraus!

5. Du hast das Recht, zu schweigen.
Wenn du magst, dann schweige. Wenn du reden möchtest, rede.

6. Du hast das Recht, allein sein zu wollen.
Brauchst du Zeit zum Alleinsein, so nimm sie dir.

7. Du hast das Recht, Angst zu haben.
Manchmal macht der Tod Angst. Sprich darüber mit einem Menschen, dem du vertraust.

8. Du hast das Recht, Fragen zu stellen.
Hast du Fragen? Es gibt keine falschen Fragen zum Tod. Darum frage.

9. Du hast das Recht, dich zu erinnern.
Deine Erinnerungen kann dir niemand nehmen! Hüte sie wie einen Schatz.

10. Du hast das Recht, zu lachen.
Sei fröhlich und lache, wenn dir danach ist – du darfst dich über das Leben freuen!

Vorstellungen vom Jenseits

Tod und Trauer in den Weltreligionen

Wir Menschen sind die einzigen Lebewesen, die wissen, dass sie eines Tages sterben werden. Auch Tiere und Pflanzen sterben, aber sie haben kein Bewusstsein vom Tod.

Weil wir dieses Bewusstsein haben, beschäftigen uns Fragen wie: »Wo sind wir hergekommen, ehe wir geboren wurden?« – »Wo gehen wir hin, wenn wir tot sind?« – »Warum müssen wir sterben?« – »Ist von uns dann gar nichts mehr da?« – »Was hat das Leben für einen Sinn?«, und so weiter.

Seit mehreren Jahrtausenden suchen die Menschen nach Antworten auf solche Fragen.

In den vielen Religionen, die es auf der Erde gibt, finden sich ganz unterschiedliche Anschauungen über die Welt, das Leben und den Tod. Bei aller Unterschiedlichkeit haben sie etwas gemeinsam: Sie sind sich einig, dass der Tod das Leben nicht beendet, sondern nur verändert. Wir leben, so lehren sie, irgendwie weiter. Nicht mehr hier, und nicht mehr in unserer jetzigen Gestalt, aber wir sind nicht ganz verschwunden.

Die Religionen unterscheiden zwischen einem »Diesseits« und einem »Jenseits«. Im Diesseits findet unser jetziges Leben statt, im Jenseits leben wir nach unserem Tod weiter. Es gibt vielerlei Vorstellungen davon, wie es im Jenseits aussieht und was dort geschieht.

Jenseitsvorstellungen in den Weltreligionen

Unter den Religionen dieser Welt gibt es fünf, die besonders viele Anhänger haben. Man nennt sie die fünf großen Weltreligionen. Es sind das Judentum, das Christentum, der Islam, der Buddhismus und der Hinduismus.

Juden, Christen und Muslime glauben an einen Gott, von dem jeder Mensch kommt und zu dem jeder Mensch nach seinem Tod zurückkehrt. Sie haben eine »lineare« Vorstellung vom Leben, das heißt, für sie verläuft die Zeit wie auf einer geraden Linie oder einem Lineal. Alles hat einen Anfang und ein Ende. Vor dem Anfang der Welt war Gott, und auch nach dem Ende der Welt wird Gott noch sein. Ein Mensch wird geboren, wenn seine Zeit gekommen ist, und er stirbt, wenn seine Zeit um ist. Gott selbst aber existiert nicht in der Zeit. Er ist ohne Anfang und Ende; er ist in Ewigkeit.

Buddhisten und Hindus dagegen glauben, dass das Leben in einem ewigen Kreislauf von Tod und Wiedergeburt immer wieder von neuem beginnt, wie ein Rad, das sich dreht. Der Mensch wird geboren, lebt hier auf der Erde, stirbt, wird wiedergeboren, lebt wieder, stirbt wieder, und so weiter. Aus diesem Kreislauf »auszusteigen«, bedeutet für den Buddhis-

Liegender Buddha – ein riesiges Steinbild in Sri Lanka. Der Buddha geht am Ende seines Lebens ins Nirwana ein, ein Bild der Ruhe und des Friedens.

ten und den Hindu die Erlösung von allem Leiden. Er kann diese Erlösung herbeiführen, indem er »gutes Karma« erwirbt.

Die Lehre vom Karma besagt, dass jede Tat, die getan oder unterlassen wird, sich auf das menschliche Schicksal und die nächste Wiedergeburt auswirkt. Durch gute Taten und Gedanken sammelt man gutes Karma, durch schlechte Taten und schlechte Gesinnung schlechtes Karma. Das Karma, das der Mensch in einem Leben durch sein Verhalten erwirbt, bestimmt am Ende, ob er in seinem nächsten Leben höher oder tiefer auf der Stufenleiter zur Erlösung wiedergeboren wird.

Buddhisten und Hindus glauben also, dass sie durch ihr Denken und Handeln ihre nächste Wiedergeburt gut oder schlecht beeinflussen können. Erst wenn sie am Ende eines Lebens nur gutes Karma aufzuweisen haben, müssen sie nicht mehr wiedergeboren werden. Dann hört die Seelenwanderung auf und sie gehen in die ewige selige Ruhe, ins Nirwana ein. Dort sind sie endgültig von allen Wünschen und Sehnsüchten und damit von allem Leiden befreit.

Juden, Christen und Muslime haben unterschiedliche Vorstellungen vom Jenseits. Sie glauben an einen einzigen Gott und hoffen darauf, nach ihrem Tod zu ihm »heimzukehren«.

Die alten Israeliten glaubten nicht an ein Gericht nach dem Tod, sondern meinten, Gott verteile Lohn und Strafe für gute und schlechte Taten schon in diesem Leben. Später wurde das Judentum von anderen Glaubensrichtungen beeinflusst, und man übernahm die Vorstellungen von einem Ende der Zeiten und einem damit verbundenen Weltgericht.

Für Christen und Muslime gehört die Idee von einem Gericht nach dem Tod in den Mittelpunkt ihres Glaubens. Wann und wie es stattfindet, dazu gibt es unterschiedliche Auffassungen: entweder gleich nach dem Tod jedes einzelnen Menschen, oder so, dass alle Menschen erst am Ende aller Zeiten gemeinsam gerichtet

werden. Im Koran, dem Glaubensbuch der Muslime, heißt es, dass das Ende der Zeit sich mit einer Weltkatastrophe ankündige. Eine solche Vorstellung gibt es auch in der Bibel. Katholische Christen und Muslime glauben, dass sie, bevor sie zu Gott kommen, durch ein Fegefeuer gehen müssen. Es ist ein Bild dafür, dass sie von allem, was sie von Gott trennt, gereinigt werden müssen. Erst dann können sie so zu ihm zurückkehren, wie er sie gewollt hat, und dürfen für immer im Paradies sein, dem Ort

ewigen Friedens und Glücks. Das Paradies haben sich die Menschen in vielerlei Kulturen immer wieder ausgemalt, zum Beispiel als »Insel der Seligen« oder als Garten. Bei den Christen wird das Reich Gottes oft mit einem prächtigen Hochzeitsfest verglichen.

Das Sterben

Sterben bedeutet, Abschied zu nehmen, sich auf den Weg vom Diesseits ins Jenseits zu machen. In den Religionen gibt es unterschiedliche Bräuche, wie sterbende Menschen von Angehörigen, Freunden oder Geistlichen ein Stück weit auf diesem Weg begleitet werden. Solche Bräuche nennt man »Ritus«, in der Mehrzahl »Riten«.

So wird zum Beispiel beim Sterbenden für ein mildes Urteil vor dem Jenseitsgericht, den Eingang in gute Jenseits-Orte oder eine gute Wiedergeburt gebetet. Christen begleiten den Sterbenden mit Bittgebeten. Für Katholiken ist die Krankensalbung ein stärkender und tröstender Akt; sie soll noch einmal auf die Verbundenheit des Sterbenden mit der Gemeinschaft der Gläubigen und ihrem Gott hinweisen.

Für den Muslim ist es wichtig, bei seinem letzten Gebet in Richtung Mekka zu schauen, wo sich das größte Heiligtum der Muslime befindet. Für den Sterbenden oder zusammen mit ihm wird das muslimische Glaubensbekenntnis gesprochen.

Bei den Hindus in Indien ist man bemüht, den Sterbenden zum Heiligen Fluss, dem Ganges, zu bringen, damit er dort noch einmal baden kann, um sich hierdurch schon von einem Teil seiner Verfehlungen »rein zu waschen«.

Die Buddhisten legen Wert darauf, dass die Sterbenden nicht von weinenden und klagenden Menschen an ihrem Sterbebett irritiert werden, denn diese sind noch zu sehr mit dem Leben verbunden. Das würde dem Sterbenden das Loslassen und Weggehen erschweren.

Nach dem Eintreten des Todes wird der Leichnam ehrfürchtig behandelt. Man schließt ihm Augen und Mund. Bei vielen Religionen gehören Waschungen des Leichnams zum Brauch, so auch bei Christen und Muslimen. In manchen Kulturen wird er gesalbt und in Tücher gewickelt. In der Bibel steht, dass das auch mit dem Leichnam Jesu geschehen sei, nachdem man ihn vom Kreuz genommen hatte.

Bei den Juden werden verstorbene Männer in ein langes, weißes Hemd gehüllt, das ihnen ihre Braut einst zur Hochzeit geschenkt hat. Um daran erinnert zu werden, dass sie eines Tages sterben werden, tragen sie es bereits zu Lebzeiten am Jom Kippur, dem Versöhnungstag, und am Seder-Abend vor dem Pessachfest.

Muslimische Friedhöfe sind sehr schlicht. An die Toten erinnern nur tafelartige Gedenksteine.

Verstorbene Christen werden mit einem Totenhemd oder mit Kleidung aus Lebzeiten bekleidet. Diese Aufgabe wird hierzulande meistens von Bestattungsunternehmen übernommen. Oft wird der Leichnam auch geschmückt. Manchmal wird er bis zur Beisetzung bewacht – stillschweigend oder mit Gebeten. Die Totenwache ist ein Zeichen der Achtung, die man dem Toten zuteil werden lässt.

Die Bestattung

Ein Toter muss bestattet werden. Wie das geschieht, ist davon abhängig, welcher Religionsgemeinschaft er angehört hat, in welchem Land und

Kulturkreis er gelebt hat, und welche gesellschaftliche Stellung er eingenommen hat.

In manchen Religionen ist die Einhaltung bestimmter Bestattungsriten die Voraussetzung dafür, dass der Verstorbene im Jenseits überhaupt das Heil erlangen kann. Darum werden selbst Gegner und Fremde bestattet. Umgekehrt gilt es als Strafe, wenn man jemandem die angemessene Bestattung verweigert. Manchmal ist sie nicht möglich, weil der Leichnam nicht auffindbar ist oder bei einem Unglück zerstört wurde, zum Beispiel bei einer Explosion.

Bereits vor etwa 40000 Jahren hat man Tote in Höhlen oder unter Felsvorsprüngen bestattet, möglicherweise schon viel früher. Die wahrscheinlich älteste Form der Bestattung ist die Erdbestattung (Beerdigung). Man begrub die Toten in liegender oder sitzender Stellung. Schon seit der Steinzeit gab man den Toten Blumen und Blätter mit ins Grab, manchmal auch Waffen, Schmuck, Gebrauchsgegenstände, ihren Hund oder ihr Pferd.

Weit verbreitet und möglicherweise etwa genauso alt wie die Erdbestattung ist die Verbrennung der Toten. Nach dem Verbrennen werden die Überreste entweder der Natur übergeben oder beerdigt. Je nach Kultur- und Religionszugehörigkeit wird die Verbrennung als religiöses Gebot oder als Schande betrachtet. In manchen Religionen glaubt man, dass die Seele des Toten ohne Verbrennung nicht aus dem Körper entweichen könne und ein Schattendasein führen müsse. Bei Hindus und Buddhisten ist deshalb die Verbrennung die übliche Methode der Bestattung.

Bei den Christen galt die Verbrennung früher als Schande und Strafe. Nur Verbrecher und Menschen, die man für Hexen und Ketzer hielt, wurden verbrannt, um ihnen die Auferstehung des Leibes zu erschweren. Heute lassen sich auch viele Christen einäschern, seit die Kirchen die Feuerbestattung nicht mehr ablehnen.

Orthodoxe Juden und Muslime verbieten die Einäscherung. Muslime benutzen traditionell keine Särge, sondern bestatten ihre Toten in weißen Leichentüchern, und legen sie so in die Erde, dass sie in Richtung Mekka schauen.

Die Trauer

Um den Trauernden zu helfen, die Trauer zu bewältigen, gibt es verschiedene Schutzfristen und Regeln für die Hinterbliebenen. Dazu gehören: die Einhaltung einer Trauerzeit; das Tragen bestimmter Kleidung als Zeichen der Trauer; Verzicht auf laute

Feste; Verharren im Dunkeln; Befreiung von Arbeit und religiösen Pflichten.

Die Länge der Trauerzeit ist unterschiedlich. Der tibetische Buddhismus lehrt, dass vom 3. bis zum 49. Tag nach dem Tod der Geist des Verstorbenen in Ohnmacht gefallen sei. In dieser Zeit soll der Leichnam bestattet werden und man darf trauern. Danach erfolgt die Wiedergeburt.

Bei den Juden heißt es: Drei Tage sind für das Weinen da, sieben für das Klagen, dreißig für die Trauer. Nur um die verstorbenen Eltern trauern deren Kinder ein ganzes Jahr lang.

Muslime feiern manchmal am 40. Tag nach der Beerdigung ein Fest, an dem die Trauernden wieder in den Kreis der Lebenden aufgenommen werden. Von da an geht man wieder zum Alltag über.

Bereits die alten Griechen und Römer trugen als Zeichen der Trauer dunkle Kleidung. Juden tragen in der ersten Woche nach dem Tod eines Angehörigen keine Lederschuhe und keinen Schmuck. Muslime sollen in den ersten 40 Tagen nach der Beerdigung Kleidung in gedeckten Farben tragen. Im Christentum ist Schwarz die Farbe der Trauer. Hindus und Buddhisten trauern in Weiß, also in ungefärbten Stoffen; in China trägt man rote und auf Bali bunte Kleider.

Viele Fragen bleiben offen

Alle Menschen leben mit dem Wissen, dass sie sterblich sind. Aber sie sehnen sich danach, dass etwas von ihnen über ihren Tod hinaus existiert. Die Religionen lehren, dass der Tod nicht das letzte ist, was uns erwartet: Nach dem Tod gibt es ein Weiterleben, auch wenn niemand genau weiß, wo, wie und wann.

Hinduistische Totenverbrennung auf der Insel Bali in Indonesien. Dort ist die Verbrennung – anders als in Indien – ein großes Fest, an dem das ganze Dorf teilnimmt.

Kofi aus Bassar, Togo (Afrika) erzählt

Ich heiße Kofi. Das heißt: »freitags geboren«. Ich gehöre zum Stamm der Bassar. Ich möchte euch erzählen, wie es sein wird, wenn wir die Trauerfeierlichkeiten für meinen Großvater Gbati abhalten. Dafür bekomme ich drei Tage schulfrei! Großvater Gbati ist schon vor zwei Jahren gestorben. Er wurde noch am gleichen Tag beerdigt. Das Trauerfest findet aber erst jetzt statt. Seit ein paar Wochen laufen schon die Vorbereitungen dafür.

Meine Familie musste den ganzen Hof aufräumen und den Boden mit neuem Lehm belegen. Ich habe mit meinen Freunden Gras für das Dach gesammelt, und mein Vater hat endlich das Dach der Hütte damit repariert. Im Nachbarort kauften wir eine Kuh. Die war sehr teuer! Die Frauen haben schon vor einer Woche angefangen, das Hirsebier zuzubereiten. Es gibt so viel zu tun: Schließlich erwarten wir über hundert Gäste. Alle Verwandten kommen, manche aus der Stadt oder sogar aus dem Ausland. Ich freue mich sehr, meine Tanten und Onkel wiederzusehen. Sie bringen auch immer ein Geschenk mit, wenn sie kommen. Vielleicht Bonbons oder etwas Geld.

Am Abend versammeln sich die Frauen im Hof. Sie singen Trauerlieder und schlagen dazu auf den Kalebassen den Rhythmus. Einige Frauen tanzen. Ein Bote wird ins Dorf geschickt, um die Trauerfeierlichkeiten anzukündigen.

Am nächsten Morgen bauen wir aus Bambus und Schnur, die aus Gras gedreht wurde, eine Trage – nach

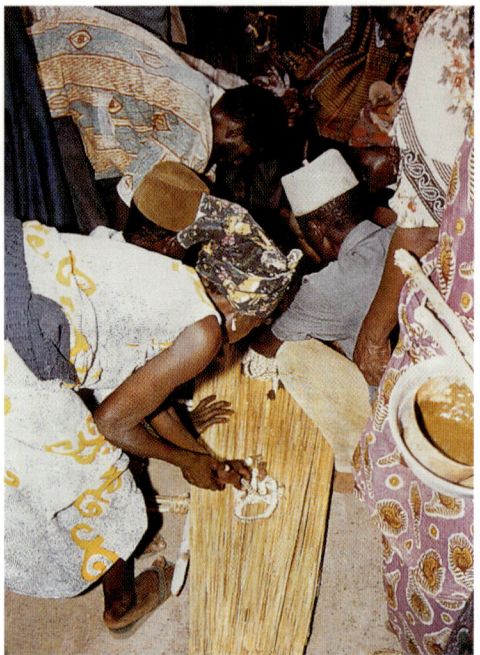

Hier wird nach einer genauen Vorschrift die Trage gebaut, auf der später die Figur des verstorbenen Großvaters durchs Dorf getragen wird.

einer ganz bestimmten Vorschrift. Das dauert ein paar Stunden. Darauf legen wir eine kleine Figur, die aus Stein gemacht wurde. Sie stellt Großvater Gbati dar. Wenn alles fertig ist, beginnt der Umzug durchs Dorf. Die Frauen schreien ihre Trauer heraus. Und meine Schwester Amina darf mit einer geschmückten Kalebasse auf dem Kopf vorangehen! Schließlich wird die Puppe neben dem Grab begraben.

Wenn der Zug zurückkommt, folgt der wichtigste Teil: Wir versuchen herauszufinden, woran Großvater gestorben ist. Die ältesten Männer der Familie legen mit Holzstöcken Muster auf den Boden. Zwei Wahrsager deuten dann die Muster und finden die Ursache von Großvaters Tod heraus. Wenn das vorbei ist, beginnt das große Fest. Wir feiern die ganze Nacht hindurch, bis zum nächsten Tag. Die Leute freuen sich, es wird getrommelt und getanzt. Die Kuh wird geschlachtet und gegrillt. Mein Großvater Gbati gehört jetzt zu den Ahnen. Ahnen sind alle Menschen, die vor uns gelebt haben und

eine Familie hinterlassen haben. Wenn wir ihnen Opfer bringen, versammeln wir uns am Ahnenaltar im Innenhof des Hauses. Zur Begrüßung schütten wir Wasser auf die Erde. Dann beten wir. Wir opfern ein Tier. Das Blut des Tieres wird auf den Altar gegossen. Gemeinsam essen wir das gebratene Fleisch.

An der Prozession zum Grab nehmen alle teil.

Ostern

Am Sonntag nach dem ersten Vollmond im Frühling, wenn alles anfängt zu wachsen und zu blühen, dann feiern die Christen Ostern. Sie sind voller Freude und Dankbarkeit, weil sie glauben, dass Gott Jesus nach seinem Tod am Kreuz wieder auferweckt hat. Sie glauben: Jesus lebt! Aber zwei Tage zuvor, am Karfreitag, sind sie traurig, denn dann denken sie an seinen Tod. Am Karfreitag hören die Christen in der Kirche, wie es war, als Jesus verraten und gefangen genommen wurde, wie man ihn folterte und wie er am Kreuz qualvoll starb. Der Karfreitag ist daher ein ernster Tag: Die Christen zeigen das, indem sie einfache Speisen essen und keine Feste feiern. In der katholischen Kirche stehen keine Blumen auf dem Altar, die Orgel und die Kirchenglocken bleiben stumm. Es ist so, als hielte das Leben den Atem an. Jesus hatte gesagt: »Wenn ein Weizenkorn nicht in die Erde fällt und stirbt, kann es keine Frucht bringen.« So glauben die Christen, dass Jesu Tod notwendig war, um allen Menschen das Leben bei Gott zu ermöglichen. Aber Jesus blieb nicht im Tod. Gott erweckte ihn zu neuem Leben. Davon erzählen die Evangelien. Auch davon, dass Jesus vorausgegangen ist, und dass alle, die an ihn glauben, zu neuem Leben erweckt werden. Auch wenn die Christen, die heute leben, den auferweckten Jesus nicht sehen konnten, so glauben sie den Menschen, die seine Auferstehung damals erfahren durften. Daher feiern die Christen zu Ostern ein fröhliches Fest und bestärken sich gegenseitig in ihrem Vertrauen auf Gott. Als Zeichen für diesen Glauben zünden sie in der Nacht zum Ostersonntag in der Kirche eine Kerze an, die Osterkerze. Sie steht als Sinnbild für das Licht, das alle Dunkelheit vertreibt.

Ostern – das ist mehr als Hasen,
mehr als Eier auf dem Rasen,
mehr als Urlaub und Zuckerbrot.

An Ostern zeigt das leere Grab,
dass ich eine Hoffnung hab:
Das Leben ist stärker als der Tod!

Ein Vaterunser für Sabine

Die Kinder toben noch im Klassenraum herum, obwohl es schon geklingelt hat. Erst als Frau Tauschner hereinkommt, setzen sich alle auf ihre Plätze.

Die Lehrerin sieht heute irgendwie bedrückt aus, ganz ernst, anders als sonst. Die Schüler merken das und werden langsam ruhig.

Silke stößt Mario leicht mit dem Ellbogen an und flüstert: »Was ist denn jetzt los? Schau mal, wie die kuckt!«

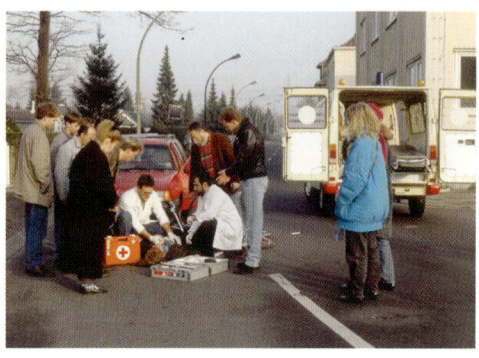

Durch Unfälle werden Menschen plötzlich aus dem Leben gerissen.

Da fängt Frau Tauschner schon zu sprechen an: »Liebe Kinder, heute muss ich euch etwas Trauriges mitteilen.«

In der Klasse herrscht absolute Ruhe, man könnte eine Stecknadel fallen hören. Nur Thilo macht einen blöden Witz: »Oh, brennt die Schule ab?« – aber keiner lacht. Die anderen kapieren, dass jetzt keine Zeit für Späße ist. »Vielleicht habt ihr schon mitbekommen, dass Sabine heute Morgen nicht zur Schule gekommen ist.«

Alle Schüler blicken gebannt auf Sabines leeren Platz. Ja, Sabine fehlt heute. Aber es kommt doch immer mal vor, dass ein Kind nicht da ist. Wahrscheinlich ist Sabine krank.

»Sabine hatte gestern Abend einen Unfall …« – Frau Tauschner stockt und schluckt. Sie macht eine kleine Pause, schnäuzt sich in ein Taschentuch und fügt hinzu, »und sie ist diese Nacht gestorben.« Tränen rinnen ihr über das Gesicht.

Alle Kinder sitzen starr und reglos, selbst Thilo sagt nichts mehr. Frau Tauschner geht zum Fenster und schaut nach draußen, damit man sie nicht weinen sieht. Dann hört man auch Kinder im Klassenraum, die leise schluchzen. Silke und Mario haben sich wortlos unter dem Tisch an der Hand genommen, und auch ihnen laufen Tränen über die Wangen.

»Wie ist das passiert?«, fragt Mario leise, und doch kann es jeder hören.

Frau Tauschner sagt: »Ich bin heute Morgen von Sabines Vater angerufen worden. Der hat mir berichtet, was geschehen ist: Sabine saß gestern Abend in der Badewanne, ihr kleiner Bruder hat neben ihr im Badezimmer mit dem Fön gespielt. Sabine hat dann den Fön auch mal in die Hand genommen, irgendwie ist er dabei ins Wasser gefallen und an dem Stromschlag ist Sabine …« Frau Tauschner kann nicht weitersprechen.

Es dauert einige Zeit, bis alle die Sprache wiedergefunden haben. Die Lehrerin redet mit den Kindern über den Tod. Ein paar Kinder erzählen, wie das war, als ihre Oma oder ihr Opa, ein Verwandter oder auch ein Haustier gestorben ist. Die Kinder können nach dieser Stunde nach Hause gehen, aber keines ist fröhlich. Alle haben rote Augen.

Am nächsten Tag gibt es wieder nur ein Thema: Sabine. Die Kinder erinnern sich an das Turnfest, wo Sabine den ersten Platz holte, an die Klassenfahrt, wo sie sich drei Tage lang fast nur von Salzstangen ernährte. Und im Erzählen wird sie wieder ein bisschen lebendig. Alle beschließen, Sabines Familie eine Beileidskarte zu schreiben und an der Beerdigung teilzunehmen.

Ein paar Tage später treffen sich alle in der großen Friedhofshalle. Vorne steht der Sarg, mit Blumen geschmückt. Sabines Familie sitzt in der ersten Reihe, Verwandte und Nachbarn sind da, ein paar Lehrerinnen und Lehrer und eben ihre Schulklasse.

Eine kleine Orgel spielt eine traurige Melodie und ein Mann im schwarzen Anzug tritt vor. Er spricht nicht viel,

sagt etwas von kurzem, aber erfülltem Leben, sagt, das Leben gehe weiter. Die Kinder können gar nicht zuhören, sie schauen nur den Sarg an und versuchen sich vorzustellen, dass da eine Mitschülerin drinliegt. Man sieht viele weinende Gesichter.

Nach einem weiteren Orgelspiel zieht die Trauergemeinde zum Grab. Ohne

Worte wird der Sarg hinabgelassen; wer will, kann Blumen oder eine Schaufel Sand ins Grab werfen.

Am Nachmittag des gleichen Tages gehen Mario und Silke noch einmal zum Friedhof.

»Das war die traurigste Beerdigung, die ich mir vorstellen kann«, sagt Silke.

»Ja«, bestätigt Mario, »es war gar keine richtige Trauerfeier, niemand hat ein Gebet gesprochen; es war so trostlos. – Ich glaube aber trotzdem, dass Sabine in den Himmel kommt«, sagt er leise.

Silke nickt: »Ja, Gott nimmt bestimmt jeden Menschen zu sich auf, auch die, die gar nichts von ihm wissen.«

Obwohl sie es nicht abgesprochen haben, ist beiden klar, dass sie es machen wollen: für Sabine beten. Als sie vor dem mit Blumen überhäuften Grab stehen, beten die beiden ein Vaterunser.

»Lieber Gott, wir glauben, dass Sabine jetzt bei dir ist!«, flüstert Mario und schaut zum Himmel empor.

»Ja, das glauben wir«, bekräftigt Silke. Hand in Hand gehen die beiden vom Friedhof, weil sie jetzt unbedingt spüren müssen, dass sie nicht allein sind.

Mit dem Tod leben

Muttis letztes Wort

Seit Walters Mutter vor zwei Jahren gestorben war, hatte sich alles verändert. Mit Mutti war die Welt in Ordnung gewesen, da lief das Leben in geordneten Bahnen, da war es schön. Doch in ihr hatte sich eine böse Krankheit eingenistet.

Zunächst ahnte niemand, dass es so schlimm um sie stand. Walters Mutter klagte oft über Kopfschmerzen, und manchmal war ihr schwindlig. Sie schluckte dann eine Tablette, auch mal zwei davon. Dann ging sie zum Arzt. Der meinte, sie solle an der frischen Luft spazieren gehen oder mehr schlafen. Vati vermutete damals, Mutti arbeite zuviel. Sie ging zwar nur vormittags für drei Stunden in eine Firma. Doch bei ihr im Büro rauchten die Kolleginnen ununterbrochen, vielleicht kämen die Beschwerden daher? – Daheim schaffte Mutti für den Rest des Tages und war das, was man eine perfekte Hausfrau nennt. Sie bügelte sogar die Geschirrhandtücher, machte im Sommer Marmelade ein, wischte jeden Tag Staub. Ihre beiden Männer, Vati und Walter, waren ganz schön verwöhnt. Eines Tages fiel Mutti an ihrem Arbeitsplatz einfach um. Als ob man einen Baum gefällt hätte, erzählte später ihr Chef. Man brachte sie mit dem Notarztwagen ins Krankenhaus. Dort wurde sie gründlich untersucht. Man stellte fest: In ihrem Kopf wuchs ein Geschwür, und dieses Geschwür drückte auf das Gehirn. Dieses Drücken verursachte die rasenden Kopfschmerzen.

Jetzt wussten die Ärzte zwar, woher die Schmerzen kamen. Das Geschwür war immer weiter gewachsen, hatte immer mehr aufs Gehirn gedrückt, der Mutti immer größere Kopfschmerzen bereitet. Aber die Ärzte mussten bei ihren Untersuchungen auch feststellen, dass sie dieses Geschwür, das man Tumor nennt, nicht aus dem Gehirn herausschneiden konnten.

Den Vater hatte man damals während seines Dienstes aus der Straßenbahn geholt. Ein Kollege brachte ihn ins Krankenhaus, ein anderer fuhr die Bahn weiter. Nachdem er fassungslos seine schwerkranke Frau besucht hatte, baten ihn die Doktoren in ein kleines Zimmerchen. Dort machte man ihm klar: Seine Frau würde nur noch kurze Zeit zu leben haben.

Walter war an diesem Tag wie immer zur Schule gegangen und freute sich auf zu Hause. Mutti hatte nämlich versprochen, Pfannkuchen zu backen, die liebte er damals besonders. Pfannkuchen mit Rübenkraut! Als Walter nun an jenem Tag heimkam, machte nicht Mutti, sondern Oma Hilde die Tür auf. Die Mutti hätte mal schnell weg müssen, komme aber bald wieder, sagte sie. Walter gab sich mit dieser Erklärung zufrieden und machte sich über die Pfannkuchen her. Oma Hilde war nicht so gut gelaunt wie sonst, das merkte Walter auch. Aber sie sagte weiter nichts.

Doch dann kam Vati nach Hause, mit ganz roten Augen. Walter spürte gleich, irgendetwas war nicht in Ordnung. Aber er traute sich nicht, zu fragen. Walter wurde ins Kinderzimmer geschickt, Oma Hilde und Vater gingen ins Wohnzimmer. Nach einer endlos langen Viertelstunde wurde Walter gerufen.

Vati nahm ihn in seine Arme. »Mutti kommt für lange Zeit nicht nach Hause«, brachte er kaum hervor, »sie ist sehr, sehr krank.«

Walter sagte nichts. Er begann zu weinen, dicke Tränen liefen ihm die Wangen hinunter. Auch Oma Hilde musste sich die Nase putzen.

»Wird sie wieder gesund?«, fragte Walter schließlich. »Bestimmt«, sagte Vati, versuchte zu lächeln und musste ein paar Mal schlucken. Die Oma saß im Sessel, die Hände gefaltet, die Augen geschlossen.

Am Abend dieses schrecklichen Tages fuhren alle drei zusammen ins Krankenhaus, auch Walter durfte mit. Man wollte ihn nicht ins Krankenzimmer lassen, in die Intensivstation. Dort lag die Mutter, an Schläuchen und Kabeln angeschlossen, die sie mit flüssiger Nahrung versorgten, die ihren Blutdruck kontrollierten, ihren Herzschlag maßen. Das sei nichts für Kinder.

Oma Hilde sprach mit der Krankenschwester. Die lehnte ab, ein achtjähriges Kind einzulassen. Dann wurde ein Arzt geholt, auch der lehnte ab. Oma Hilde ließ nicht locker. Schließlich wurde der Chefarzt gerufen, ein alter Professor. Er war nicht gerade begeistert, als ihm die Krankenschwester erklärte, was die Oma verlangte. Der Professor blätterte in einem Schnellhefter, in dem Informationen über Mutti und ihre Krankheit standen. Er las eine Seite sehr aufmerksam. Dann nickte er Oma zu.

Zur Krankenschwester sagte er: »Lassen Sie den Jungen für fünf Minuten zu seiner Mutter.«

Daraufhin zog eine andere Schwester Walter einen grünen Kittel an, der an den Ärmeln ein paar Mal umgekrempelt werden musste. Auch der Vater hatte so einen Kittel an.

Walter stockte der Atem, als er sie da regungslos liegen sah: War das wirklich seine Mutti? Ganz käsig sah sie aus, die Augen geschlossen und dunkel unterlaufen. Walter konnte nicht sprechen. Er blieb einen Meter vor dem Bett stehen.

»Sie schläft«, erklärte die Krankenschwester. »Es tut ihr jetzt gar nicht weh, mein Junge. Wir haben ihr etwas gegeben, damit sie keine Schmerzen hat.«

Die fünf Minuten waren schnell um. Die Schwester gab mit der Hand ein Zeichen, dass jetzt Zeit zum Gehen sei. Und obwohl Walter sich an diesem Ort so schrecklich unwohl fühlte, unter dem grellen Neonlicht, zwischen den piepsenden Apparaten, bei seiner Mutter, die kaum wiederzuerkennen war, so wollte er doch nicht so einfach gehen. Vater fasste ihn an der Hand und wollte ihn aus dem Zimmer ziehen. Da trat Walter noch einmal vor, ans Bett seiner Mutter. Er nahm ihre rechte Hand, in der Schläuche steckten, vorsichtig in seine Hand und streichelte sie ganz behutsam. Dann legte er die Hand zurück auf die Bettdecke und ging mit hinaus.

Draußen fiel er Oma Hilde schluchzend um den Hals. Er hatte gespürt, dass Muttis kleiner Finger sich bei dem Streicheln bewegt hatte. Ein ganz kleines bisschen nur. Vati meinte, das habe er sich wohl nur eingebildet. Aber Walter wusste, dass das stimmte: Der Finger hatte sich bewegt, als wolle er das Streicheln erwidern.

Müde war er an jenem Abend ins Bett gegangen, aber er konnte lange nicht einschlafen. Am nächsten Morgen war ihm gar nicht mehr richtig bewusst, was eigentlich los war. Wie jeden Tag wachte er gegen sieben Uhr auf, ging ins Badezimmer, wollte sich anziehen. Da merkte er, dass Oma schon wieder da war. Er ging zu ihr in die Küche.

Ihre Augen glänzten so seltsam. Sie nahm Walter auf den Schoß und meinte, sie wolle ihm etwas erzählen. Umständlich fing sie an, dass es Tag und Nacht gebe, Hell und Dunkel, und solche Sachen.

Walter unterbrach sie mit ernstem Gesicht: »Mutti ist tot.«

Die Oma sagte kein Wort mehr. Sie nickte nur.

Walter zog sich an und baute in seinem Zimmer mit Legosteinen.

»Was machst du da?«, fragte Oma erstaunt. »Ich brauche doch heute nicht in die Schule«, antwortete der Junge. Die Oma ließ ihn in Ruhe.

Ein paar Tage später wurde die Mutter beerdigt. Walter machte alles mit, doch ihm war, als säße er in einem Kinofilm. Er sah, wie man Muttis Sarg über den Friedhof zu einem Grab trug und dort in die Erde versenkte. Aber er begriff nicht, dass das Wirklichkeit war.

Das wurde ihm erst nach und nach klar. Ein paar Wochen nach Muttis Tod kam Walter aus der Schule nach Hause. Vati hatte Frühdienst gehabt und kochte das Essen. Walter fragte, ohne sich etwas zu denken: »Wann kommt Mutti heim?«

Und erst, als er Vatis entsetztes Gesicht sah, fiel ihm alles wieder ein. Es war, als wäre er aus einem Traum erwacht. An diesem Tag aß er mittags nichts.

Dann versuchte Walter immer wieder, sich zu erinnern, was seine Mutti zuletzt zu ihm gesagt hatte, an jenem letzten Tag. Walter ging den Morgen dieses Tages in Gedanken immer wieder durch. Es war alles wie sonst auch: Aufstehen, Waschen, Anziehen, Frühstücken. Ein paar Sätze, wie jeden Morgen.

Aber was waren Muttis letzte Worte?

Vielleicht: »Hast du dein Pausenbrot dabei?« Oder: »Mach die Jacke zu, es ist noch nicht so warm!« – Konnte das sein? Das Letzte, was einem die Mutti sagt, bevor man sie nie mehr sprechen kann, das Letzte sollte etwas so Alltägliches gewesen sein?

Dann, eines Tages, hatte er gerade die Wohnung verlassen, und noch im Treppenhaus war ihm eingefallen, dass er den Turnbeutel vergessen hatte. Er machte kehrt und ging die Stufen zur Wohnung wieder hoch, wie er es jeden Tag viele Male tat. Da fiel es ihm wieder ein. Ja! Genau so war es gewesen! An Muttis letztem Tag war er auch schon losgegangen, hatte den Turnbeutel vergessen und musste umkehren. Mutti stand in der Wohnungstür und reichte ihm lächelnd den Beutel. Und dann machte sie ihm mit dem Daumen ein Kreuzchen auf die Stirn und sagte: »Gott segne dich, mein Schatz.«

Was als Abschiedsgruß für diesen einen Vormittag gedacht war, war zum Segen für sein ganzes Leben geworden. Oft erinnerte sich Walter nun an diesen Satz seiner Mutti. Manchmal träumte er davon und wiederholte diese Begegnung. Und er wusste hundertprozentig, dass sich Muttis kleiner Finger bewegt hatte, als er sie zum letzten Mal sah, damals im Krankenhaus.

Über den Tod lachen?

Manchmal finden wir etwas so lustig, dass wir sagen: »Ich lach mich tot!«
Kann man denn über den Tod lachen? Der Tod ist ja gar nicht lustig.
Aber manchmal machen wir uns über ihn lustig: Lachen wir seine Macht
aus, wenn wir Witze über ihn machen?
Tränen kann man weinen. Und Tränen kann man lachen. Weinen und Lachen, diese Gefühle aus der Tiefe unserer Seele sind Geschwister.

Der Kompaniechef feuert die Truppe an:
»Auf in den Kampf, Mann gegen Mann!«
Da tritt Finkelstein vor und bittet: »Können Sie mir wohl bitte meinen Mann zeigen? Ich möchte ihm eine gütliche Einigung vorschlagen.«

Als Herr Kohlberg aus der Operation erwacht, fragt er den Arzt: »Aber, Doktor Kaiser, hat es denn so lange gedauert? Ihnen ist ja ein richtiger Bart gewachsen!«
»Was heißt hier ›Doktor Kaiser‹?«, antwortet der Mann zur Begrüßung. »Ich bin Petrus!«

»Fritzchen! Wo warst du gestern?«, fragt der Lehrer.
»Ich konnte nicht kommen. Mein Opa ist gestorben.«
»Aber den habe ich doch heute früh noch gesehen, wie er zum Fenster rausguckte.«
»Ja«, gibt Fritzchen zu, »den lassen wir da noch bis zum Monatsersten stehen, wegen der Rente.«

Herr Schmitz kauft einen Fallschirm. Der Verkäufer sagt großzügig: Wenn er nicht funktioniert, können Sie ihn gerne umtauschen!

Zwei Polizisten finden vor dem Gymnasium einen Toten. »Du«, fragt der eine seinen Kollegen, »wir müssen einen Bericht anfertigen, aber – wie schreibt man Gymnasium?« Der andere kratzt sich am Kopf und antwortet: »Komm, schleppen wir ihn vor die Post.«

Eine Frau will für ihren verstorbenen Mann ausdrücklich eine Urne aus Glas. Aber warum denn, fragt sie der Bestatter. Sagt die Frau: Er hat immer so gern zum Fenster hinausgeschaut.

Die Mutter schickt die kleine Elisabeth zur kranken Großmutter. »Und sag der Oma etwas Nettes«, fordert die Mutter das Mädchen auf. Elisabeth tut, wie ihr befohlen und fragt: »Oma! Soll ich auf deiner Beerdigung Flöte spielen?«

Ein Mann kommt auf den Bauernhof und fragt den Jungen, wo denn sein Vater sei. Antwort des Kleinen: »Vom Trecker überfahren!« Der Mann ist bestürzt und bedauert das, erkundigt sich nach seiner Mutter. Antwort: »Vom Trecker überfahren!« Wie entsetzlich; ob es denn Geschwister gebe. Antwort: »Alle vom Trecker überfahren!« Ja, gütiger Himmel, ob der Kleine denn ganz allein sei? Kopfnicken. Und was er den ganzen Tag mache? Antwort: »Trecker fahren!«

Der Himmel: Nicht in Wolken

Der Himmel: Nicht in Wolken,
nicht viele Kilometer w e i t ,
der Himmel macht sich jeden Tag
ein bisschen auf der Erde **breit.**

Der Himmel: Wir erfahren,
er ist uns gar nicht fern,
wenn jemand zu uns sagt:
»Du, ich mag dich gern!«

Der Himmel: Hier und heute
sind noch die Sorgen groß;
einst sitzen wir dann himmlisch
bequem auf Gottes Schoß.

Das Hälmchen

Mammutbaum

Während des Urlaubs in Kalifornien bestaunten wir auch die Redwoods. Das sind Riesenbäume, die über hundert Meter hoch gewachsen sind. Allerdings brauchten sie dafür auch zweitausend Jahre. Im Andenkenladen kauften wir ein Tütchen mit Samen dieser Bäume, zum Selbstziehen.

Wir brachten dieses Souvenir meiner Mutter mit. »Wie schön!«, freute sie sich. »Aber dass die mal hundert Meter hoch wachsen, werde ich wohl nicht mehr sehen können.«

Spontan tröstete sie mein Sohn Lukas, damals acht Jahre alt: »Oma, dann pflanzen wir die Bäume einfach auf dein Grab.«

Ein Jahr später starb Lukas' Oma überraschend. Als wir ein paar Wochen nach dem Tod wieder an ihr Grab gingen, waren wir sehr traurig. Die Kränze waren vom Grab schon abgeräumt, ein paar Blümchen standen da. Und Lukas meinte ganz ehrlich: »Jetzt können wir doch den Mammutbaum pflanzen.«

»Ja, das machen wir. Ein Hälmchen hat Mutter schon auf der Fensterbank aufgezogen.«

Ein Wort an die Erwachsenen

Besucht man mit Kindern einen Friedhof, überraschen sie uns manchmal mit erstaunlichen Bemerkungen: »Wie bekommt der Opa im Grab Luft?«, fragte ein Mädchen. Und ein kleiner Junge meinte am Grab der Tante, man könne sie ja noch einmal anrufen. Beim verdutzten Blick des Vaters wies das Kind auf den Grabstein: Die Zahlenreihe von Geburts- und Todesjahr hatte es als Telefonnummer gedeutet.

»Mama, was wird aus den Menschen, die tot sind?«

»Die werden zu Staub!«

»Oh, dann liegen aber viele Tote unter meinem Bett.« –

Für das Thema Tod sind Kinder noch zu klein, mag man vielleicht denken. Man will sie schonen, ihnen, so lange es eben geht, die Welt heil erscheinen lassen. Das ist oft gut gemeint, aber hilft es? Schon die Kleinsten nämlich machen die Erfahrung: Dinge haben ihre Zeit. Milch wird nach ein paar Tagen sauer, der Schnee schmilzt, die schönsten Blumen welken, im Herbst verlieren die Bäume ihre Blätter. Kinder sehen eine tote Fliege, töten vielleicht selbst ein Insekt. Trotz aller Abschirmungsversuche von Seiten der Erwachsenen wird es sich daher nicht vermeiden lassen, dass Kinder dem Tod begegnen: Im Fernsehen oder in einem Buch stirbt jemand; die Familie geht am Friedhof vorbei; über die Straße fährt ein Leichenwagen; der Hamster liegt eines Morgens reglos im Stall.

Jeder Verlust, den ein Kind erlebt – angefangen vom kaputten Spielzeug über den Wohnungswechsel bis zum Ausziehen eines Elternteils – ist indirekte Vorbereitung auf den Umgang mit dem »Ernstfall«, dem Tod eines Menschen. Der Tod, das ist dann der Verlust, der endgültig, der irreparabel ist.

Das aber müssen Kinder erst erkennen lernen: Der Tod ist keine vorübergehende Sache, sondern er ist von Dauer. Wenn das Kind fragt: »Wann kommt die Oma (die gestorben ist) wieder?«, dann würde die angemessene Antwort lauten: »Die Oma kann nicht wiederkommen, weil sie tot ist.« Als ein Mädchen fragte: »Wie lange ist der Tod?«, bekam es die zwar richtige, wie sich aber herausstellte, missverständliche Antwort: »Von

Dauer.« Das Kind schien beruhigt: »Dann ist es ja nicht so schlimm: Die Dauerwellen von Mama halten nur vier Wochen.«

Die Wissenschaft von der Seele (Psychologie) zeigt uns, dass das Bewusstsein vom Tod erst reifen muss. Für Kinder unter drei Jahren gilt: Sie können Sterben und Tod mit ihrem Verstand noch nicht erfassen. Ihnen dergleichen erklären zu wollen, überfordert sie. Als ein Bestatter seinen kleinen Enkel mit auf eine Beerdigung nahm, konnte das Kind seine Gefühle daher nicht ausdrücken. Sein Unbehagen fasste es in die einfachen, aber aussagekräftigen Worte: »Das war aber nicht schön.«

Erst im Alter von drei Jahren haben die Kinder in der Regel ein Wissen vom Tod, aber immer noch keine rechte Vorstellung von ihm. Laut einer Befragung gibt die Hälfte der Kinder unter fünf an, die anderen würden wohl einmal sterben, sie selbst jedoch niemals. Sie erkennen noch nicht den Zusammenhang von Ursache und Wirkung: Erkrankung oder Unfall können zum Tod führen. Kleine Kinder aber finden eigene Erklärungen: »Die Mama ist krank, weil sie böse auf mich ist«, oder: »Der Opa ist gestorben, weil ich ihm nicht geschrieben habe.« Diese Tatsache, dass Kinder sich jenseits aller objektiven Logik häufig als Ursache für den Tod

eines geliebten Menschen betrachten, ist im Hinblick auf die daraus resultierenden Schuldgefühle nicht zu unterschätzen und muss so früh wie möglich aufgearbeitet werden.

Erst zwischen fünf und sieben Jahren (oder auch zwischen vier und sechs) scheint der Tod für Kinder, im Sinne eines dauernden Wechsels von Leben und Sterben, als etwas Normales akzeptiert zu werden. 73 von 100 Sechsjährigen, 82 von 100 Siebenjährigen haben ein Bewusstsein von ihrer eigenen Sterblichkeit. Sie interessieren sich in dieser Phase für die körperlichen und biologischen Fragen, die mit dem Tod zusammenhängen. Sterben bedeutet Verlust der Körperfunktionen – keine Atmung mehr, kein Herzschlag.

Mit sieben oder acht Jahren begreifen die Kinder, was Tod bedeutet; oder besser gesagt: Sie sind offen und bereit für eine angemessene Erklärung. Der Tod, das ist Unbeweglichkeit: Der Tote hat keine Gefühle mehr, seine Körperfunktionen sind erloschen – er verspürt weder Hunger noch Müdigkeit. Er verwest oder wird verbrannt. Der Tod bedeutet Endgültigkeit: anders als beim Spielen, wo man einen Kameraden »erschießt«, der anschließend aber wieder aufsteht.

Jetzt erkennen die Kinder auch die objektive Gesetzmäßigkeit von Ursache und Wirkung: Der Tod geht auf

Krankheit, Alter, Unfall, Gewalteinwirkung zurück, nicht auf Streit, den man miteinander hatte, auf Ungehorsam oder Nichtbeachtung.

Schließlich: Der Tod besitzt Allgemeingültigkeit – alle werden einmal sterben.

Religiös erzogene Kinder machen sich Gedanken über das Leben nach dem Tod und gewinnen eine Phantasie von dem, was wir Seele nennen. Da tauchen auch Fragen auf: Was hat Gott damit zu tun? Warum hat er den Toten nicht am Leben gehalten?

Hier machen Erwachsene manchmal schwere Fehler, wenn sie mit Kindern über den Tod sprechen. So erklären sie beispielsweise, jemand sei gestorben, weil Gott ihn unbedingt als Engel haben wollte. Oder jemand ist jung gestorben, weil, so sagt man unbedacht, »die Besten immer früh sterben«. Danach blieben dann nur die »Menschen 2. Klasse« lange am Leben. Gut sein wäre demnach lebensgefährlich.

Abschließend noch einmal die Frage: Ist das Thema »Tod« für Kinder nicht eine Nummer zu groß? Müssen sie damit schon belastet werden? Selbst Erwachsene versuchen doch immer wieder, diese Gedanken zu verdrängen, weil sie ihnen unerträglich erscheinen. Aber kann man wirklich wählen? Der Tod gehört nun einmal zum Leben. Wir müssen über ihn sprechen, weil wir nicht umhin kommen, ihm immer wieder zu begegnen. Was Erwachsene in diesem Zusammenhang lernen müssen, das ist, mit Kindern angemessen darüber zu reden.

Bewusst machen sollten wir uns auch, dass Kinder manchmal viel unbeschwerter mit Tatsachen umgehen, die Erwachsenen Schwierigkeiten bereiten. Zudem wissen wir, dass in anderen Ländern Kinder viel selbstverständlicher mit all dem konfrontiert werden, was den Tod betrifft. Bei uns wird meist sehr steril und entfernt im Krankenhaus oder Altenheim gestorben, und wenn zu Hause, dann holt der Bestatter den Leichnam schnell ab. Angehörige selbst legen heute kaum noch Hand an.

So geht den Kindern und den Erwachsenen der direkte Kontakt mit Sterbenden und Toten verloren. Das aber erschwert die Erfahrung, dass der Tod ein Bestandteil des Lebens ist. Der Versuch ihn auszuklammern bedeutet, dass wir das Leben in seiner Ganzheit nicht annehmen und es damit ein Stück weit verfehlen. Die Begegnung mit dem Tod in altersgemäßer Form sollte daher auch Kindern ermöglicht werden, um ihnen Gelegenheit zu geben, ihn so früh wie möglich als etwas Unabwendbares zu erfahren und zu integrieren. Denn: Der Tod ist ein Teil des Lebens …

Georg Schwikart

Fremdwörter und Fachausdrücke

Ahnen: Menschen, die vor den jetzt Lebenden gelebt haben und bereits gestorben sind. Nur wer Nachkommen gezeugt hat, kann in die Reihe der Ahnen aufgenommen werden; wer als Kind stirbt, also nicht. In einigen Naturreligionen spielt die Verehrung der Ahnen eine große Rolle.

anonymes Grab: »anonym« heißt »ohne Namen«. Wird ein anonymes Grab gewünscht, findet die Beerdigung (nur von Urnen, nicht von Särgen) ohne Familie und Freunde des Verstorbenen statt. Auf dem Friedhof ist eine Rasenfläche für anonyme Gräber reserviert. Dort zeigen weder ein Grabstein noch Blumen die genaue Stelle an, wo die Urne begraben ist.

Atman, der: Dieses altindische Wort lässt sich etwa mit »Selbst«, auch »Seele, Atem« oder »Hauch« übersetzen. Im Hinduismus wird damit jener Teil des Menschen bezeichnet, der den Tod überdauert.

Aufbahrung nennt man das offene Ausstellen von Verstorbenen – zu Hause im Bett, im Sarg in einer Kirche oder Friedhofskapelle. Der aufgebahrte Tote ist schön hergerichtet, bekleidet und geschmückt.

Auferstehung: Zentrale Botschaft des christlichen Glaubens ist, dass Jesus Christus nach seinem Tod am Kreuz nicht im Tod geblieben ist, sondern durch die Auferstehung zu neuem Leben bei Gott gelangt ist. Das Neue Testament äußert sich nicht dazu, wann und wie die Auferstehung erfolgt ist. Siehe auch: Ostern.

Autopsie, die: Wenn man in der Klinik eine Leiche öffnet, um gründlich untersuchen zu können, woran der Mensch gestorben ist, nennt man das eine Autopsie. Sie wird vor allem bei ermordeten Menschen angewandt.

Bestatter: Berufsbezeichnung für Leute, die sich um alles kümmern, was mit einer Beerdigung zu tun hat. Ihr Geschäft nennt man »Bestattungsinstitut« oder »Beerdigungsinstitut«.

Bestattung: Aus der Art und Weise, wie mit den Toten umgegangen wird, kann man ersehen, welche Bedeutung die Hinterbliebenen dem Tod beimessen und wie sie zu einem Weiterleben nach dem Tod stehen. Die Möglichkeiten der Bestattung sind vielfältig: Sie reichen von der Einbalsamierung bis zur Verbrennung des toten Körpers. Häufig wird die Erdbestattung angewendet.

Chemotherapie, die: Behandlung von Entzündungen und Tumoren (siehe: Tumor) mit chemischen Mitteln.

durchschnittliche Lebenserwartung: Das Alter, das die Menschen eines Landes oder einer Gruppe im Durchschnitt erreichen. Bei den deutschen Frauen liegt es zur Zeit bei 80 Jahren, bei den deutschen Männern bei 75 Jahren. Einige Menschen werden älter, andere sterben jünger. In den Ländern Afrikas, Asiens und Südamerikas liegt die durchschnittliche Lebenserwartung deutlich niedriger.

Erdbestattung bedeutet, der Tote wird in der Erde vergraben. Dazu wird er entweder nur in Leichentücher gehüllt oder in einen Sarg gelegt.

Eschatologie, die: In der christlichen Theologie jene Disziplin, die sich mit den »letzten Dingen« beschäftigt (das bedeutet auch der griechische Ursprung des Wortes, »eschata«). Mit »letzten Dingen« ist gemeint, was den Menschen nach dem Tod und was die ganze Schöpfung am Ende der Zeiten erwartet. Ausgesprochen wird das Wort: Es-chatologie.

Exequien, die (Mehrzahl): Bezeichnung für das katholische Begräbnis-Ritual: Segnung der Leiche, Messe, Prozession zum Grab, Beisetzung. Lateinisch »exsequiae« bedeutet »Leichenbegängnis«.

Fegefeuer: von mittelhochdeutsch »vegen« = »reinigen«. Im katholischen Glauben Zustand der Läuterung eines Menschen nach dem Tod, vor seiner Vollendung durch Gott. Früher herrschte die Vorstellung, ein Mensch käme nach seinem Tod vorübergehend in ein Feuer, um dort von seinen Sünden gereinigt zu werden.

Feuerbestattung bedeutet, der Tote wird verbrannt und die Asche dann in eine Urne gefüllt und in der Erde vergraben.

Freitod: Der frei gewählte Tod, der »Selbstmord«. Man spricht auch vom »Suizid« (siehe dieses Stichwort).

Friedhof: Ort, an dem die Toten bestattet werden: um die Kirche herum gelegen oder als schön angelegter Park. Das Wort kommt nicht von »Frieden«, sondern bedeutet ursprünglich »umfriedeter Hof«. »Umfriedet« ist ein altes Wort für »eingezäunt«.

gefallen: Wenn ein Soldat im Krieg gestorben ist, sagt man, er sei »gefallen«. Das Wort ist beschönigend und will den harten Begriff »gestorben« vermeiden.

Gruft: eine gemauerte Grabstätte auf dem Friedhof, oder in einer Kirche oder einem Kloster. Für den Sarg wird nicht einfach ein Loch gegraben, das nach der Beerdigung mit Erde zugeschaufelt wird, sondern es wird eine Grabkammer ausgehoben, deren Wände gemauert werden. Der Sarg wird hineingestellt und die Gruft dann mit einer Steinplatte zugedeckt. Es gibt auch überirdische Grüfte. Mit Gruft kann aber auch ein Raum in oder unter einer Kirche gemeint sein, der zur Bestattung dient. Siehe auch: Krypta, Sarkophag.

Heil: Etwas ist heil, das unversehrt, unbeschädigt und ganz ist. Heil-sein ist das Ziel des Menschen. In seinem Leben macht der Mensch jedoch eher die Erfahrung des »Unheils«. Der religiöse Mensch erhofft sich das Heil von Gott, zu dessen Eigenschaften das »Heil-sein« gehört (»Gott ist heilig«). In manchen Religionen herrscht die Vorstellung, ursprünglich habe es auf der Erde den Zustand des Heils gegeben, der jedoch durch die Schuld der Menschen vernichtet worden sei. Ein »Heiland« muss den heilsamen Zustand wieder herstellen.

Herzinfarkt, der: Wenn Blutbahnen (Arterien) verstopft sind und kein Blut fließen kann, stirbt das damit verbundene Organ ab. Besonders gefährlich ist das für das Herz und das Gehirn.

Himmel: Das Wort »Himmel« ist vieldeutig. Es bezeichnet volkstümlich zum einen das die Erde umgebende All. Bevor die Menschen zu wissenschaftlichen Erkenntnissen über den Aufbau des Weltalls gelangten, hatten sie andere Vorstellungen über die Anordnung von Planeten, Sonne und Gestirnen. Räumlich weit entfernt von der Erde, die man für den Mittelpunkt der Welt hielt, stellte man sich den »Ort« vor, an dem Gott anwesend ist. Damit wurde »Himmel« zum Begriff für den Platz, wo Gott ist. In dieser bildhaften Sprache wird das Wort auch heute vielfach verstanden: Im »Himmel« sein heißt bei Gott sein. Allerdings ist das ein Zustand jenseits von Raum und Zeit.

Hölle: Das Gegenteil von »Himmel«. Früher glaubte man, wer nicht zu Gott kommt, weil er ein schlechtes Leben geführt hat, müsse in die Hölle. Man stellte sich die Hölle als einen Ort vor, der unerträglich heiß, übel riechend und schmerzhaft ist. Andere sagen: Hölle bedeute das Getrenntsein von Gott.

Hospiz, das: Übersetzt aus dem Lateinischen, wörtlich »Herberge«. Hospize sind Häuser, in denen Sterbende gepflegt und umsorgt werden. Hospizhelfer kümmern sich um sie. Die Hospizhelfer können auch zu den Sterbenden nach Hause oder ins Krankenhaus kommen.

Infarkt, der: siehe: Herzinfarkt

Insel der Seligen: In der griechischen Religion stellte man sich das Jenseits im allgemeinen als finstere Unterwelt (»Schattenreich«) tief unter der Erde vor; daneben gab es aber auch Erzählungen von paradiesischen Gegenden, in denen ewig Sonnenschein und Freude herrschte. Man nannte sie »Insel der Seligen«, »Elysische Gefilde« oder »Elysion« (lateinisch: »Elysium«). Die Kelten glaubten ebenfalls an eine »Insel der Seligen«, die sie »Avalon« (= »Apfelland«) nannten.

Jenseits, das: Über das, was »jenseits« des irdischen Lebens liegt (also danach), haben die Religionen unterschiedliche Vorstellungen entwickelt. Viele Religionen glauben, dass es auch nach dem Tod ein Weiterleben gibt. Siehe auch: Himmel, Hölle, Paradies, Inseln der Seligen und Nirwana.

Kaddisch, das: ein großes Lobgebet, das die Juden auch bei einer Beerdigung sprechen.

Karma, das: indische Vorstellung von einer Summe der guten und schlechten Taten eines Menschen. Die schlechten Taten ziehen eine schlechte Wiedergeburt nach sich, die guten Taten fördern eine gute Wiedergeburt.

Katakomben, die (Mehrzahl): unterirdische Begräbnisstätten in Rom, wie sie vor rund 2000 Jahren üblich waren. Die Toten lagen wie in Regalen in Fächern übereinander.

Krebs: Kranke Zellen, die sich im Körper so sehr vermehren, dass sie den gesunden Zellen die Lebenskraft wegnehmen. Krebs kann alle Organe befallen; er gehört zu den häufigsten Todesursachen.

Krematorium, das: Ort, an dem Tote in einem speziellen Ofen verbrannt werden. Das Tätigkeitswort heißt: kremieren.

Krypta, die: Die Krypta ist ein unterirdischer Raum unter einer alten Kirche, der zur Bestattung von Toten benutzt wird oder früher dafür benutzt wurde. Die Mehrzahl heißt »die Krypten«. Das Wort kommt aus dem Altgriechischen.

Leiche: der Körper eines Toten. Man sagt auch: Leichnam.

Leichenstarre: Wenige Stunden, nachdem der Tod eingetreten ist, wird die Leiche starr und unbeweglich. Die Leichenstarre oder Totenstarre vergeht nach etwa einem Tag wieder.

Licht: uraltes Symbol in allen Religionen für das Göttliche, das Leben, die Wahrheit, die Quelle des Guten. Licht vertreibt das Dunkle und Böse, was den Menschen das Leben erschwert, bis zum Tod.

Luftbestattung bedeutet, der Leichnam wird verbrannt und die Asche dann von einem hohen Punkt aus (Berg, Heißluftballon, o. Ä.) in den Wind gestreut. In Deutschland ist das nicht erlaubt.

Mausoleum, das: In der Antike gab es einen König namens Mausolos, der sich ein prunkvolles Grabmal erbauen ließ. Es gehörte wie die Pyramiden von Gizeh zu den Sieben Weltwundern der Antike. Daher nennt man ein prächtiges Grabmal »Mausoleum« (ausgesprochen: Mausolé-um).

Metaphysik, die: kann aus dem Griechischen übersetzt werden mit »über die Physik hinausgehend«.
Die Physik kann die Natur wissenschaftlich beschreiben und erklären. Die »Metaphysik« versucht auf dem Weg des Denkens jene Dinge zu erklären, die sich jenseits der sichtbaren Welt befinden, vor ihrer Entstehung existiert haben oder nach ihrem Ende existieren werden. Sie kann nur Überlegungen anstellen, die nicht zu beweisen sind.

Mokscha, das: indischer Begriff für die »Erlösung« aus dem Zwang, dem Kreislauf der Wiedergeburt nicht entrinnen zu können.

Mumie, die: Durch Einbalsamierung und Präparierung kann eine Leiche vor der Verwesung geschützt werden; sie wird durch diese Bearbeitung zu einer »Mumie«. In der ägyptischen Religion wurden die Leichen der wohlhabenden Leute »mumifiziert«, das bedeutet, »zu Mumien gemacht«. Das arabische Wort »mumija« bedeutet »Erdharz«. Harze waren ein Mittel zur Konservierung.

Mysterium, das: So werden in den Religionen jene »Geheimnisse des Glaubens« genannt, die mit dem Verstand allein nicht zu erklären sind. Beispiel: Dass Jesus vom Tod auferstanden ist, ist ein Mysterium. Das Wort stammt aus dem Altgriechischen und bedeutet »Geheimnis«.

Nahtod-Erfahrung bezeichnet das, was jene Menschen erlebt haben, die dem Tod sehr nahe waren, aber wieder ins Leben zurückgeholt werden konnten. Meistens sprechen sie positiv von dieser Erfahrung an der Grenze zum Tod.

Nirwana, das: der Ausstieg aus dem Kreislauf der Wiedergeburten, der erfolgen kann, wenn in einem Menschen der »Lebensdurst« erloschen ist. Das Verlöschen im Nirwana ist das letzte Ziel der Buddhisten. Das Wort »Nirwana« heißt aus der altindischen Sprache übersetzt etwa »Verlöschen, Verwehen«.

Organspende: Im Körper haben wir lebenswichtige Organe, wie das Herz, die Nieren oder die Lungen. Wenn diese Organe nicht mehr funktionieren, stirbt der Mensch. Manchmal kann man einem Schwerkranken helfen, indem man ihm das gesunde Organ eines anderen Menschen einpflanzt. Organe können Toten entnommen werden, die erst ganz kurz zuvor gestorben sind. Ein Organspender muss zu Lebzeiten seine Einwilligung erklären, dass er seine Organe im Todesfall zur Verfügung stellt.

Ostern: höchstes christliches Fest im Frühling, an dem die Christen die Auferstehung Jesu vom Tode feiern. Die Herleitung des Begriffs ist unklar. In anderen Sprachen wird ein Zusammenhang zwischen der Auferstehung und dem jüdischen Pessachfest hergestellt: französisch »Pâques«, italienisch »Pasqua«, dänisch »Paaske«, usw. Vielleicht stammt das deutsche Wort von »Osten«, also der Himmelsrichtung, die bei Tagesanbruch das Licht bringt.

Paradies: ein Zustand des Friedens und des Glücks. Nach manchen religiösen Überzeugungen war die Welt am Anfang das Paradies; die Menschen haben diesen Ort jedoch vernichtet oder sind daraus vertrieben worden.
Häufig meint »Paradies« in den Religionen einen Ort außerhalb der Welt, in den die Menschen oder ihre Seelen nach dem Tod kommen, wenn sie ein gutes Leben gelebt haben. Das Wort stammt aus der persischen Sprache und heißt »Tiergarten, Park«.

Passage-Riten: Bestimmte Augenblicke im Leben eines Menschen sind von besonderer Bedeutung, weil sie wichtige Abschnitte markieren: die Geburt, die religiöse Reife, die Eheschließung, die Aufnahme in eine Religionsgemeinschaft oder die Beauftragung zu einem religiösen Amt, schließlich der Tod. Die Religionen begehen diese Anlässe mit zeichenhaften Feiern und Festen, wie die Beschneidung, die Taufe, die Konfirmation/Firmung, Hochzeit oder Beerdigung.

Passion, die: heißt aus dem Lateinischen übersetzt: »Leiden, Leidenschaft«. Gemeint ist damit das Leiden des Jesus von Nazaret, der verraten wurde, gefangen genommen, gefoltert und schließlich am Kreuz hingerichtet.

Pietät, die: bezeichnet die Rücksicht und Achtung gegenüber Toten. Mit der Leiche geht man vorsichtig um, auf einem Friedhof verhält man sich würdig.

Prädestination, die: In manchen Religionen gibt es die Vorstellung, Gott hätte bereits vor der Geburt eines Menschen bestimmt, ob er nach seinem Tod das Heil erlangt oder in die Verdammnis kommt. Diese Vorstellung nennt man »Prädestination«, von lateinisch »praedestinatio« = »Vorbestimmung«.

Reihengrab: Einfaches Grab für eine Erdbestattung; die Verstorbenen werden einzeln nebeneinander begraben. Meistens endet die »Ruhezeit« nach 20 Jahren, dann kommt ein anderer Toter in das Grab.

Religion: Der Begriff »Religion« ist schwer zu fassen, da es zu allen Zeiten und in allen Kulturen Religion gab, jedoch immer mit unterschiedlichen Ausformungen. »Religion« steht für die Auseinandersetzung und Beschäftigung mit den Grundfragen der Menschen: »Wer bin ich? Woher komme ich? Warum lebe ich? Was soll ich tun? Wie kann mein Leben gelingen – über den Tod hinaus?« Das sind Fragen nach dem Überweltlichen, dem Göttlichen, nach dem, was heilig ist. – Der Ursprung des lateinischen Wortes »religio« ist nicht eindeutig nachzuweisen: Manche leiten es von »religari« ab, was »Rückbindung« bedeutet; andere erklären es aus »relegere«, was »sich oft hinwenden, gewissenhaft beobachten« heißt und an das Einhalten der Vorschriften der römischen Religion erinnert.

Reliquie, die: Was eine heilige Person nach dem Tod zurücklässt, wird häufig als »Reliquie« verehrt. Das können Knochen oder Gegenstände sein, die dem Heiligen nahe waren (Kleidung, Schmuck, Gebrauchsgegenstände, Schriften). Das lateinische Wort »reliquiae« bedeutet »Überreste, Trümmer«.

Requiem, das, nennt man in der katholischen Kirche eine Messe für Verstorbene, nach dem Anfang des lateinischen Textes: »Requiem aeternam dona eis, Domine ...« – »Gib ihnen die ewige Ruhe, Herr«.

Samsara, der: Hindus glauben, dass ein Mensch nach dem Tod wiedergeboren wird. Die Abfolge mehrerer Leben – diesen Kreislauf von Tod und Wiedergeburt – nennt man »samsara«, altindisch für »Kreislauf«. Der Mensch lebt so viele Leben, bis sein Karma so gut ist, dass er die Erlösung (Mokscha) aus diesem Kreislauf erreicht. Auch Buddhisten glauben an die Wiedergeburt; ihr Ziel ist das Nirwana.

Sarg: Meistens eine Truhe aus Holz, in der ein Toter beigesetzt oder verbrannt wird. Es gibt auch Särge aus verzinktem Metall, die vom Bestatter (siehe dieses Stichwort) verwendet werden, um Tote ins Bestattungsinstitut zu transportieren.

Sarkophag, der: Ein häufig reich verzierter Sargbehälter aus Holz, Stein oder Metall, in den der eigentliche Sarg hineingestellt wird. Sarkophage werden nicht in der Erde vergraben, sondern in Grüften und Krypten (siehe die Stichwörter Gruft und Krypta) aufgestellt. Zum Beispiel wurden und werden Kaiser, Könige und berühmte Persönlichkeiten so beigesetzt (Kaisergruft, Fürstengruft).

scheintot: Wenn jemand nur tot aussieht, es aber nicht ist, bezeichnet man ihn als »scheintot«. Heute gibt es verschiedene Methoden und Apparate, mit denen man sicher feststellen kann, ob ein Mensch tot ist oder noch lebt. Früher, als man so etwas noch nicht hatte, hatten die Menschen große Angst, aus Versehen lebendig begraben zu werden.

Seebestattung bedeutet, der Leichnam wird verbrannt und die Urne mit der Asche dann im Meer (in der See) versenkt.

Seele: Religiöse Menschen glauben, der Mensch besteht nicht nur aus einem Körper, sondern sei erfüllt von einer Art »Lebenshauch«: das, was ihn lebendig sein lässt, was seinen Geist, seinen Willen, sein Gemüt ausmacht, was ihn zu einem einmaligen Wesen macht. Damit könnte man umschreiben, was als »Seele« bezeichnet wird. Nach dem Glauben einiger Religionen trennen sich im Tod Seele und Körper, und die Seele kommt zu Gott. Auf lateinisch heißt die Seele »anima«, auf griechisch »psyche«, woraus sich unser Wort »Psychologie« herleitet.

Suizid, der oder das: Das Wort stammt aus dem Lateinischen und bezeichnet die Selbst-Tötung eines Menschen. Man spricht auch vom »Freitod«; weniger geeignet ist das Wort »Selbstmord«, da ein Mord ja in böser Absicht geschieht.

Symbol, das: Ein »Symbol« ist ein sichtbares Zeichen, das eine unsichtbare Wirklichkeit verdeutlicht. Mit »Symbol« war ursprünglich ein Erkennungszeichen gemeint, dessen zwei Stücke erst zusammengefügt ein Ganzes machten. Die Religionen sind voller Symbole: Sie drücken entweder göttliche Kräfte und Aussagen oder die menschliche Ehrfurcht und Verehrung aus. Wasser, Brot, Wein, Blumen, Weihrauch, Baum, Berg und dergleichen können Symbole sein. Ebenso können Feste, Erzählungen, Rituale symbolische Bedeutung haben. Alle Symbole sind vieldeutig, sie müssen gedeutet werden im Gegensatz zu eindeutigen Zeichen, wie Verkehrsschildern. – Das griechische Wort »symbolon« bedeutet übersetzt »Sinnbild, (Erkennungs-)Zeichen«.

Totenmaske: Man kann vom Gesicht eines Verstorbenen mit Wachs oder Gips einen Abdruck machen und daraus ein plastisches Bild seines Gesichts herstellen. Das ist dann die »Totenmaske«; sie gibt den Gesichtsausdruck des Toten wieder.

Totenreich: Wohin die Menschen nach dem Tod gelangen, das wissen die Lebenden nicht. Viele verschiedene Vorstellungen gibt es über das Reich der Toten (Hölle, Himmel, Insel der Seligen, Paradies). – Meistens stellt man sich das »Totenreich« als einen Ort vor, der von der Erde weit entfernt und mit ihr gar nicht zu vergleichen ist.

Tumor, der: Das lateinische Wort bedeutet »Geschwulst«. Ein Tumor kann durch eine Entzündung entstehen oder sich bilden, wenn sich kranke Zellen vermehren (siehe: Krebs). Es gibt »gutartige« und »bösartige« Tumoren. Sie können in allen Organen vorkommen, auch im Gehirn, und so groß werden, dass sie das Organ zerstören und der Kranke daran stirbt. Die gutartigen kann man heilen. Aber auch manche bösartige Tumoren kann man mit Operationen, Chemotherapie (siehe dort) oder Bestrahlungen behandeln, solange sie noch nicht zu groß geworden sind.

Unsterblichkeit: In fast allen Religionen gibt es die Vorstellung, nach dem Tod eines Menschen sei nicht einfach alles aus: Viele glauben an ein Leben nach dem Tod, allerdings gibt es sehr unterschiedliche Vorstellungen davon. Der Begriff »Unsterblichkeit« meint, dass zwar der Körper eines Menschen sterbe, die Seele aber weiterlebe.

Urne: Behälter, in dem die Asche eines Toten nach der Einäscherung aufbewahrt wird. Für die Beerdigung wird die eigentliche Urne mit einer schön gestalteten »Überurne« oder »Schmuckurne« umgeben.

Verwesung: Der Prozess der Zersetzung einer Leiche.

Wahlgrab: Größeres Grab, in dem Platz für weitere Tote freigehalten werden kann; man kann es nach Ablauf von etwa 20 Jahren in der Regel neu erwerben.

Wiedergeburt wird die Vorstellung genannt, dass der Mensch nach dem Tod wieder in ein weiteres Leben geboren wird. Hinduismus und Buddhismus streben die Befreiung aus dem Kreislauf der Wiedergeburt an. Siehe auch: Karma, Mokscha, Samsara, Seele.

Anhang

Mein herzlicher Dank geht

an meine Frau Judith, die die Arbeit an diesem Buch mit kritischen Kommentaren begleitet hat;

an Ursula Schairer und Christel Kehl-Kochanek, die hilfreiche Anregungen und Korrekturen beisteuerten;

an die Kinder und Jugendlichen, die für dieses Buch etwas über ihre Sicht vom Tod geschrieben haben: Almut, Benedikt, Clara, Dominique, Jacques, Jakob, Judy, Julian, Kirsten, Lena, Leyla, Lukas, Philipp, Sarah, Steffi und Theresia;

an meine Interviewpartner: die Biologin Dr. Gerbera Nalbach, den Bestatter Volker Faßbender und an seine Tochter Sarah;

an jene Verlage, die freundlicherweise Abdruckgenehmigungen für Texte erteilten, die schon an anderem Ort erschienen sind:

- Der Himmel: Nicht in Wolken
  Zuerst erschienen in: Georg Schwikart, Mit Gott durchs ABC. Gebete für Kinder.
  Butzon & Bercker, Kevelaer 2. Auflage 1994
- Ein Vaterunser für Sabine
  Zuerst erschienen in: Georg Schwikart, Als die Kommunionkinder streikten und andere
  Geschichten. Matthias-Grünewald-Verlag, Mainz 2. Aufl. 2001
- Kevin muss gehen
  Zuerst erschienen in: Bonifatiuswerk der deutschen Katholiken/Diaspora-Kinderhilfe
  (Hg.): Erstkommunion 2003. Projekte, Anregungen, Geschichten, Tipps. Paderborn,
  2003. Redaktion: Matthias Micheel, 11–12.
- Kofi aus Bassar, Togo (Afrika) erzählt
  Zuerst erschienen in: Georg Schwikart, Gott hat viele Namen. Kinder aus aller Welt
  erzählen von ihrem Glauben. Patmos Verlag, Düsseldorf 5. Aufl. 2003
- Muttis letztes Wort
  Zuerst erschienen in: Georg Schwikart, Durch dick und dünn.
  Butzon & Bercker, Kevelaer 2. Aufl. 2000
- Pepsi und das Sonntagskind
  Zuerst erschienen in: Georg Schwikart, Fast am Ende der Welt. Matthias-Grünewald-
  Verlag, Mainz 2002